D1608827

zéro
diète

KARINE LAROSE

M. Sc. Kinanthropologie

zéro diète

Délicieuses recettes pour s'entraîner à bien manger

TRÉCARRÉ
Une société de Québecor Média

Catalogage avant publication de Bibliothèque et Archives nationales du Québec et Bibliothèque et Archives Canada

Larose, Karine, 1977-

      Zéro diète : délicieuses recettes pour s'entraîner à bien manger
      ISBN 978-2-89568-608-8
      1. Régimes amaigrissants - Recettes. 2. Cuisine santé. 3. Livres de cuisine. I. Titre.

RM222.2.L372 2013   641.5'635   C2012-942429-3

Édition : Lison Lescarbeau
Direction littéraire : Marie-Eve Gélinas
Direction artistique : Marike Paradis
Révision linguistique : Nicole Henri
Correction d'épreuves : Gervaise Delmas
Couverture : Clémence Beaudoin
Grille graphique intérieure et mise en pages : Clémence Beaudoin
Photos de Karine Larose : Catherine Giroux
Photos des recettes : Tango photographie
Stylisme culinaire : Myriam Pelletier
Accessoires : Luce Meunier

Remerciements
Nous reconnaissons l'aide financière du gouvernement du Canada par l'entremise du Fonds du livre du Canada pour nos activités d'édition.
Gouvernement du Québec – Programme de crédit d'impôt pour l'édition de livres – gestion SODEC.

Les Éditions du Trécarré
Groupe Librex inc.
Une société de Québecor Média
La Tourelle
1055, boul. René-Lévesque Est
Bureau 800
Montréal (Québec) H2L 4S5
Tél. : 514 849-5259
Téléc. : 514 849-1388
www.edtrecarre.com

Dépôt légal – Bibliothèque et Archives nationales du Québec et Bibliothèque et Archives Canada, 2013

ISBN : 978-2-89568-608-8

Distribution au Canada
Messageries ADP
2315, rue de la Province
Longueuil (Québec) J4G 1G4
Tél. : 450 640-1234
Sans frais : 1 800 771-3022
www.messageries-adp.com

Diffusion hors Canada
Interforum
Immeuble Paryseine
3, allée de la Seine
F-94854 Ivry-sur-Seine Cedex
Tél. : 33 (0) 1 49 59 10 10
www.interforum.fr

À mes deux petites filles, Élodie et Laurence,
que je nourris d'amour et envers qui je m'engage à transmettre
l'art de célébrer la vie, chaque jour, avec des choix sains.

Sommaire

Préface

Au cours de l'évolution, le quotidien des humains a toujours été plus marqué par la rareté que par l'abondance de nourriture. Notre métabolisme s'est adapté à ces contraintes en développant une extraordinaire capacité à extraire la moindre parcelle d'énergie contenue dans ce que nous mangeons et à stocker l'excédent sous forme de graisse pour utilisation ultérieure. Paradoxalement, ce métabolisme ancestral est devenu beaucoup trop performant pour notre époque moderne : en dépit d'un mode de vie de plus en plus sédentaire, nous vivons en effet dans un environnement où la nourriture est omniprésente et facile d'accès, où des produits souvent très riches en calories nous sont offerts par des compagnies cherchant à tirer profit de notre inclination naturelle envers le sucre, le gras et le sel. Ce déséquilibre entre l'apport et la dépense en énergie a un prix : deux Canadiens sur trois présentent maintenant un excédent de poids, et de nombreuses publications scientifiques indiquent que ce surpoids constitue un important facteur de risque pour toutes les maladies chroniques qui touchent de plein fouet la population, que ce soit le diabète de type 2, les maladies cardiovasculaires, plusieurs types de cancer ou encore la maladie d'Alzheimer.

Pour corriger l'excès de poids, la première réaction est généralement de chercher à perdre les kilos en trop à l'aide de l'un ou l'autre des innombrables régimes amaigrissants qui nous sont proposés. Malheureusement, ces régimes hypocaloriques sont toujours inefficaces parce qu'ils engendrent un sentiment de faim intense qui, à long terme, ne fait que générer découragement et frustration et provoquer le retour à la case départ. Pire, ces régimes finissent par détruire notre relation privilégiée avec la nourriture en nous culpabilisant et en gâchant le plaisir de manger.

Comme l'illustre admirablement ce livre, la seule approche réaliste pour le maintien d'un poids corporel normal est de réapprivoiser notre cuisine, de mieux s'alimenter au quotidien en concoctant des plats utilisant des ingrédients adaptés à notre métabolisme, en quantités qui n'excèdent pas nos besoins énergétiques. Les nombreuses recettes élaborées par l'équipe de nutritionnistes chevronnées de Nautilus Plus avec Karine Larose montrent qu'il n'est pas nécessaire de se priver pour bien manger, ni de constamment se préoccuper du nombre de calories qui sont présentes dans l'assiette ! Manger sainement ne doit pas devenir un acte compliqué, que l'on considère avec suspicion comme s'il s'agissait d'un comportement marginal, ascétique et contraignant. Il faut plutôt faire appel au simple bon sens, ne pas chercher à manger au-delà de nos besoins réels, tout en profitant de l'incroyable diversité d'aliments, d'épices et d'aromates qui sont à notre disposition pour diversifier nos expériences gastronomiques.

Richard Béliveau
Docteur en biochimie
et chercheur en cancérologie

Introduction

Pourquoi un autre livre de recettes ?

Les livres de recettes sont populaires et se comptent désormais par centaines. Les magazines et les blogues consacrés à l'alimentation se multiplient. Les émissions de télévision sur la bouffe abondent et de nouvelles chaînes spécialisées en cuisine apparaissent dans le décor télévisuel. Les chefs cuisiniers se voient même conférer le statut de véritables vedettes. Le phénomène semble solidement inscrit dans un courant visant à satisfaire l'appétit d'une majorité de la population qui cherche à en savoir plus sur tout ce qui touche la cuisine, la gastronomie, la découverte de nouvelles saveurs et les vertus thérapeutiques de certains aliments.

Paradoxalement, un trop fort pourcentage de cette même population souffre de surpoids. Le nombre de personnes obèses est en nette progression et cette condition compromet leur santé et leur qualité de vie en augmentant de façon considérable leurs risques de développer des maladies chroniques comme le cancer, les maladies cardiovasculaires et le diabète. La consommation de produits alimentaires transformés et les nombreux repas consommés dans des restaurants de type *fast food* sont en grande partie responsables de cette situation. Ces options sont malheureusement très alléchantes dans une société où tout se bouscule et où on a souvent l'impression d'être engagé dans une course effrénée contre la montre.

Or, avec la pratique régulière de l'activité physique, la saine alimentation constitue l'une des deux clés pour vivre longtemps et en bonne santé.

Le livre *Zéro diète*

Comme l'un des meilleurs moyens de manger santé est de cuisiner soi-même ses repas, je vous propose un livre de recettes différent. Avec *Zéro diète*, vous reprendrez le contrôle de votre alimentation.

En plus de répondre aux besoins de gens actifs physiquement, les recettes choisies sont simples à préparer tout en étant rassasiantes et savoureuses. Elles contiennent évidemment des aliments sains, pour vous aider à atteindre et à maintenir un poids santé, sans vous priver.

Pour constituer la liste des recettes de ce livre, j'ai fait appel aux quelque soixante-dix nutritionnistes du programme de nutrition Zéro Diète. Ils m'ont confié leurs recettes préférées, leurs coups de cœur.

Chaque recette a ensuite fait l'objet d'une analyse nutritionnelle complète afin d'assurer la présence des apports nécessaires en termes de glucides, de protéines, de lipides, de vitamines et de minéraux. La majorité des recettes devaient également renfermer des ingrédients possédant des propriétés anticancéreuses. Outre la qualité des aliments utilisés, la taille des portions devait correspondre aux critères préétablis afin de faciliter l'atteinte et le maintien d'un poids santé.

Un comité de dégustation de plus de 20 personnes a ensuite préparé et goûté les recettes. Seules les 120 meilleures recettes proposées par nos nutritionnistes ont été retenues pour ce livre. Vous y trouverez donc **20 recettes de déjeuners**, **40 recettes de dîners** et **40 recettes de soupers**.

Puisque se sucrer le bec fait partie des petits plaisirs de la vie, vous trouverez également **10 recettes de desserts**. Les desserts doivent être considérés comme une gâterie occasionnelle ; c'est pourquoi *Zéro diète* en offre en quantité limitée. Bien qu'elles ne soient pas exemptes de sucre, l'utilisation de sucres plus naturels est privilégiée et, de plus, ces recettes contiennent toutes des ingrédients aux propriétés anticancéreuses. Les portions ont été finement ajustées afin de combler votre goût de sucre, sans toutefois engendrer un surplus calorique important.

Finalement, il est recommandé de prendre des collations complètes afin de mieux gérer son appétit entre les repas et d'assurer le maintien d'un bon niveau d'énergie tout au long de la journée. Pour ces raisons, je vous propose **40 collations** que vous retrouverez autant sous forme de recettes que sous forme de combinaisons d'aliments qui ne demandent aucune préparation.

À propos des recettes

Comme ce livre se veut convivial, vous n'avez pas à vous préoccuper de calculer vos calories. Dans chaque recette, vous trouverez une foule d'informations vous indiquant les apports en termes de calories, de quantité de glucides, de lipides et de protéines, et le nombre de portions de chacune des sept catégories d'aliments conformément à la méthode du compte-portions (voir page 21). Cette méthode que

vous apprivoiserez sous peu vous permettra d'évaluer vous-même si vos besoins quotidiens en fruits, légumes, gras, féculents, etc., ont été comblés. On vous indiquera aussi s'il s'agit d'une recette végétarienne et si elle est exempte de gluten. Les temps de préparation, de cuisson et de marinade, s'il y a lieu, vous seront également indiqués afin de faciliter votre planification. D'ailleurs, les recettes rapides à effectuer seront facilement repérables grâce à un sigle. Voici plus en détail chacune des informations nutritionnelles fournies.

Les valeurs nutritionnelles

Pour chaque repas, collation et dessert, vous connaîtrez la quantité exacte de calories que contient une portion. Vous connaîtrez aussi le nombre de grammes de glucides, de protéines et de lipides contenus dans chaque portion. À titre indicatif, pour les **déjeuners**, les **dîners** et les **soupers**, les apports caloriques sont d'environ **400 calories et incluent les accompagnements** pour un repas complet. Quant aux **desserts** et aux **collations**, ils contiennent environ **200 calories** par portion.

La méthode du compte-portions

Pour chaque recette, vous trouverez le nombre de portions de légumes, de fruits, de féculents, de lait et substituts, de viande et substituts, de gras et de sucres ajoutés. Seules les catégories présentes dans les recettes seront indiquées. En d'autres mots, si la recette n'a pas de gras ajouté, cette catégorie n'apparaîtra pas. Si vous utilisez la méthode du compte-portions (voir page 21), vous n'aurez qu'à choisir parmi l'ensemble des recettes proposées celles vous permettant de cumuler le total de portions indiquées dans votre profil calorique (référez-vous au tableau compte-portions à la page 21). Servez-vous du journal alimentaire présenté à la page 223 pour vous aider à consommer le bon nombre de portions tous les jours.

Recettes végétariennes ou sans gluten

Que ce soit par choix ou en raison d'une allergie ou d'une sensibilité alimentaire, votre intolérance à certains aliments peut rendre votre alimentation plus complexe. Une mention spéciale indique si la recette est végétarienne ou sans gluten. Vous retrouverez aussi dans l'index (page 217) la liste de tous les plats végétariens et sans gluten. Sachez qu'ils représentent plus de la moitié des recettes de ce livre.

Les recettes identifiées comme végétariennes ne comportent aucune chair animale parmi leurs ingrédients. Il n'y a donc aucun poisson, viande ou volaille. Des sous-produits d'origine animale comme les produits laitiers et les œufs peuvent cependant se retrouver dans ces recettes.

Les recettes identifiées sans gluten ne contiennent aucune trace de cette protéine qui se trouve dans la plupart des céréales dont le blé, le seigle et l'orge. Ces recettes ne comportent pas de farine, de pain, de pâtes, de craquelins ou de chapelure à base de ces grains. Malgré la présence de sauce soya dans certaines recettes, elles ont tout de même été identifiées comme exemptes de gluten. Dans ces cas, l'utilisation de la sauce soya sans gluten sera indiquée. Finalement, certaines recettes sans gluten proposent des accompagnements qui peuvent contenir du gluten. L'option d'utiliser du pain ou des craquelins sans gluten vous est alors offerte.

Les personnes végétariennes ou présentant des intolérances spécifiques peuvent donc réaliser la plupart des recettes et être assurées qu'elles combleront entièrement les besoins variés de leur organisme.

Recettes rapides

Lorsque le temps vous presse, repérez facilement les recettes pouvant être préparées en 30 minutes ou moins : un petit chronomètre apparaît dans le haut de ces recettes rapides.

À la découverte de nouveautés

Parmi la centaine de recettes proposées, vous allez peut-être découvrir de nouveaux ingrédients, de nouvelles saveurs ainsi que de nouvelles façons d'apprêter certains aliments. Parce qu'en plus de vous offrir des recettes santé, l'objectif de ce livre est aussi de vous aider à modifier certaines de vos habitudes alimentaires tout en apportant un vent de fraîcheur à vos repas quotidiens !

Faites entièrement confiance aux recettes et aux portions proposées. Avec les repas suggérés dans ce livre, vous êtes certain d'avoir tout ce qu'il vous faut pour vous alimenter sainement, en contrôlant aisément votre poids tout en étant pleinement rassasié.

Les fondements
d'une saine alimentation

La nutrition est un sujet complexe. Il existe des dizaines de milliers
de composés chimiques biologiquement actifs dans le corps humain qui sont
presque tous, d'une façon ou d'une autre, dérivés des aliments que nous
consommons. La nourriture devrait soutenir le corps et lui fournir tout ce dont
il a besoin pour fonctionner adéquatement. Nous devons donc nous assurer
que notre alimentation est complète et saine, ce qui implique qu'elle soit de
bonne **qualité** et consommée en **quantité** raisonnable.

Qualité *versus* quantité

La notion de **quantité** en alimentation réfère aux
apports nutritionnels et est chiffrée par le nombre de
calories. La quantité de calories que nous mangeons
joue un rôle prépondérant dans le gain, la perte et le
maintien du poids. Il est évident que si mes apports
caloriques sont supérieurs à mes besoins, je prendrai
du poids et, à l'inverse, si mes apports sont inférieurs
à mes besoins, j'en perdrai. Conséquemment, si je
mange exactement la quantité de calories que mon
organisme consomme, je maintiendrai mon poids. Pour
réussir à bien gérer son poids, on doit donc absolument considérer la notion de quantité de calories.
Vous pourrez d'ailleurs établir vos besoins en vous
référant à la section « Déterminez vos besoins quotidiens en calories », à la page 17.

Il faut cependant se garder de tenir compte uniquement de la quantité adéquate de nourriture à
consommer ; encore faut-il se nourrir des bons aliments. C'est ici qu'entre en jeu la notion de **qualité**.
Les nutritionnistes mettent l'accent sur l'importance
de manger une variété d'aliments santé tous les jours
en assurant un équilibre adéquat. C'est d'ailleurs
la raison pour laquelle les nutritionnistes du programme de nutrition Zéro Diète utilisent la méthode
du compte-portions. Cette façon de procéder prend
en considération les catégories d'aliments (fruits,
légumes, féculents, lait et substituts, viande et substituts, gras et sucres ajoutés). J'expliquerai un peu plus
loin la nature de cette méthode et je vous fournirai
même des équivalences de portions pour vous aider
à l'utiliser au quotidien.

Bien manger,
ce n'est pas simplement
une question de calories !

Voici une question toute simple qui permet d'illustrer
clairement la pertinence de ces notions de quantité et
de qualité. À votre avis, votre santé serait-elle affectée
différemment si vous mangiez tous les jours 2 000 calories de fruits, légumes, féculents, viandes, etc., que si

vous choisissiez plutôt de manger tous les jours la même quantité de calories mais sous forme de pains blancs, hamburgers, hot dogs, fritures, pizzas, pâtisseries, boissons gazeuses, crème glacée et bonbons ?

Bien que certains des aliments de la deuxième option puissent paraître alléchants et savoureux à première vue, à la longue, les conséquences d'un pareil choix alimentaire sont nocives pour votre santé. L'excès de sucre raffiné entraîne des risques de maladies cardiovasculaires, de diabète de type 2, de présence de triglycérides élevés dans le sang et de caries dentaires. La consommation de sucre raffiné génère également des carences en nutriments essentiels comme les vitamines et minéraux, dont le fer et la vitamine C, qui peuvent à leur tour engendrer une fatigue générale, de l'insomnie et une moindre résistance aux infections. La consommation excessive de gras saturés augmente aussi les risques de maladies cardiovasculaires, d'athérosclérose, ainsi que le taux de cholestérol sanguin. La malbouffe et les carences nutritionnelles peuvent affaiblir votre système immunitaire en vous rendant plus vulnérable aux infections banales comme le rhume et la grippe, mais également augmenter vos risques de développer des maladies graves, comme le cancer, la maladie de Parkinson, la sclérose en plaques et plusieurs autres.

À l'opposé, en mangeant quotidiennement des fruits, des légumes, des féculents, des protéines de qualité et de bons gras, vous soutenez votre système immunitaire en lui donnant les outils nécessaires afin qu'il se défende plus efficacement contre la maladie. En complément à ces bénéfices, vous aurez renforcé votre capacité à faire face au stress et aux imprévus de la vie.

Le pouvoir thérapeutique des aliments est grand, et l'élimination des aliments moins nutritifs

Devrait-on opter pour les boissons gazeuses diètes ?

Les boissons gazeuses diètes ont fait leur apparition au début des années 1980 comme solution de rechange aux boissons gazeuses régulières, riches en sucres et en calories. Ce choix n'est cependant pas sans conséquences pour la santé, et elles seraient même aussi néfastes que leurs homologues sucrées. Le mot « diète » attire puisque l'objectif premier est de réduire l'apport calorique, mais leur consommation entraînerait l'envie de manger des aliments sucrés et riches en calories. La consommation de boissons gazeuses, peu importe qu'elles soient hypocaloriques ou régulières, augmenterait le risque de développer des maladies.

En février 2011, Passeport Santé révélait les résultats d'une étude américaine affirmant que les gens buvant au moins une boisson gazeuse diète par jour avaient 61 % plus de risques de subir un accident vasculaire cérébral (AVC) que ceux qui n'en boivent pas. De plus, ceux qui en boivent régulièrement seraient plus susceptibles d'être atteints du diabète de type 2 ou encore du syndrome métabolique. Verdict : cessez votre consommation de boissons sucrées ou avec édulcorants et favorisez l'hydratation par l'eau. Si vous cherchez à rehausser ou à modifier le goût de l'eau, voici quelques trucs intéressants.

- Goût fruité : ajoutez-y des canneberges, des morceaux de melon ou des petits fruits

- Goût d'agrumes : ajoutez-y du jus de citron frais, des tranches d'oranges ou du zeste de lime

- Goût de pureté : ajoutez-y des tranches de concombre

Amusez-vous à expérimenter et trouvez la combinaison qui vous plaît !

améliorera assurément votre état de santé. Si la base de votre alimentation est saine, les excès occasionnels seront beaucoup moins destructeurs.

Déterminez vos besoins quotidiens en calories

Que vous soyez un homme ou une femme, actif ou sédentaire, jeune ou âgé, vos besoins caloriques journaliers sont différents. Il faut donc ajuster la quantité de nourriture à manger en fonction de ceux-ci. Ces besoins dépendent de votre dépense énergétique totale, qui correspond à la quantité totale de calories dépensées tous les jours. La dépense énergétique totale varie selon votre niveau d'activité physique et l'activité de votre métabolisme au repos. Pour déterminer vos besoins en matière d'apports caloriques, vous devrez donc estimer la quantité de calories que vous brûlez chaque jour en calculant votre métabolisme au repos et en mesurant votre niveau d'activité physique quotidien. Ces deux éléments correspondent à votre dépense énergétique totale.

1 calculez votre métabolisme au repos

Le métabolisme au repos réfère à l'énergie, c'est-à-dire à la quantité de calories dont le corps a besoin pour vivre au repos, lorsque vous êtes couché à ne rien faire. Il s'agit des calories que vous brûlez sans vous en rendre compte, simplement pour faire battre votre cœur, assurer le bon fonctionnement de vos organes, réguler la température de votre corps, faire fonctionner votre cerveau, respirer, etc. Pour permettre à votre corps de survivre, vous devez absolument lui fournir ce minimum de calories par l'alimentation.

Pour estimer la quantité de calories nécessaires afin de soutenir l'activité de votre métabolisme au repos, utilisez l'équation proposée par Mifflin et coll. (1990) en y insérant votre poids en kilogrammes (1 kg = 2,2 lb), votre taille en centimètres et votre âge en années. Choisissez la formule qui correspond à votre sexe et faites le calcul indiqué (voir page 18).

2 calculez votre niveau d'activité physique

En plus de l'énergie requise par votre métabolisme au repos, vous devez tenir compte de l'énergie dépensée lors de vos activités physiques quotidiennes. Vos besoins énergétiques seront différents selon la nature de votre travail et la quantité d'exercice que vous effectuez quotidiennement.

Puisque votre dépense énergétique totale tient compte de votre métabolisme au repos et de votre niveau d'activité physique, vous devez multiplier le résultat obtenu avec la formule d'estimation du métabolisme au repos par le facteur d'activité physique qui représente le mieux votre situation. Référez-vous au tableau de la page suivante pour la description de chacun de ces facteurs.

Par exemple, si vous êtes sédentaire, multipliez le résultat de votre métabolisme au repos par 1,2. Si vous croyez être modérément actif, multipliez votre résultat par 1,55.

3 déterminez votre dépense énergétique totale

Le produit de cette multiplication vous donne votre dépense énergétique quotidienne totale, c'est-à-dire la quantité de calories que votre corps brûle sur une

Calcul des besoins quotidiens en calories

1 FORMULES D'ESTIMATION DU MÉTABOLISME AU REPOS

→ FEMMES :	9,99 × (poids en kg*) *68 . 679*
	+ 6,25 × (taille en cm) *1025*
	− 4,92 × (âge en années) *192*
	− 161
	= métabolisme au repos *1350*

→ HOMMES :	9,99 × (poids en kg*)
	+ 6,25 × (taille en cm)
	− 4,92 × (âge en années)
	+ 5
	= métabolisme au repos

* Pour connaître votre poids en kg, divisez votre poids en livres par 2,2.

2 FACTEURS D'ACTIVITÉ PHYSIQUE

FACTEUR DE MULTIPLICATION	CATÉGORIE	DESCRIPTION
→ 1,2	→ Sédentaire	→ Peu ou pas d'exercice et un travail passif
→ 1,375	→ Légèrement actif	→ Exercice léger ou sport 1 à 3 jours par semaine
→ 1,55	→ Modérément actif	→ Exercice modéré ou sport 3 à 5 jours par semaine
→ 1,725	→ Très actif	→ Exercice rigoureux ou sport 6 à 7 jours par semaine
→ 1,9	→ Extrêmement actif	→ Exercice rigoureux ou sport journalier et un travail actif

3 MÉTABOLISME AU REPOS × FACTEUR D'ACTIVITÉ PHYSIQUE = DÉPENSE ÉNERGÉTIQUE TOTALE
(en calories)

300

période de 24 heures. Lorsqu'une personne ne gagne ni ne perd de poids, cela signifie que ses apports caloriques sont équivalents à sa dépense énergétique totale : elle consomme autant de calories qu'elle en brûle.

Afin de déterminer vos besoins énergétiques, soit la quantité de calories à consommer par jour, vous devez d'abord décider si vous souhaitez perdre ou gagner du poids, ou encore maintenir votre poids actuel. Selon votre objectif, vous devrez manger moins, plus ou encore la même quantité calorique que votre dépense énergétique totale.

Vos besoins énergétiques
pour maintenir votre poids

Si vous souhaitez maintenir votre poids, vous devez créer un équilibre énergétique, c'est-à-dire que vous devez manger exactement la même quantité de calories que votre dépense énergétique totale.

Vos besoins énergétiques
pour perdre du poids

Si vous souhaitez perdre du poids pour améliorer votre composition corporelle (c'est-à-dire atteindre un pourcentage de gras optimal), vous avez trois choix pour créer un déséquilibre énergétique.

1 **Manger moins en coupant dans les calories consommées :** cette première option consiste à manger moins de calories que votre dépense énergétique totale, calculée précédemment. Vous pouvez alors retrancher jusqu'à 500 calories. Une fois cette différence établie, vous obtiendrez la quantité totale de calories à consommer tous les jours pour perdre du poids. À titre indicatif, une livre équivaut à 3 500 calories, alors en réduisant votre apport de 500 calories

Notions intéressantes sur le métabolisme au repos

Qu'est-ce qui fait augmenter ou diminuer le métabolisme au repos ?

Plusieurs facteurs sont responsables de la variation individuelle du métabolisme au repos : le sexe, l'âge, la taille, le poids, la quantité de masse maigre (muscle), la quantité de masse adipeuse (gras), le tabagisme, certaines conditions climatiques, certaines hormones et même les polluants atmosphériques. Par exemple :

- Le métabolisme au repos diminue avec l'âge.
- Le métabolisme au repos diminue légèrement si le poids diminue (graisse et muscle).
- Le métabolisme au repos diminue avec les diètes hypocaloriques à répétition ou de longue durée.

Que se passe-t-il si on consomme moins de calories que le métabolisme au repos en requiert ?

Il ne faut jamais consommer moins de calories qu'en demande votre métabolisme au repos. En plus de provoquer une fatigue marquée affectant votre potentiel d'être physiquement actif, une restriction alimentaire trop importante comporte des risques pour votre santé en privant vos fonctions vitales du strict minimum pour fonctionner adéquatement. Une restriction alimentaire importante sur une période plus ou moins prolongée entraînera également à long terme une diminution de votre métabolisme au repos, ce qui n'est pas souhaitable. Autrement dit, votre métabolisme au repos s'habituera à fonctionner avec moins de calories ; conséquemment, pour éviter une reprise de poids, il faudra manger encore moins, pour le reste de votre vie. Malheureusement, les dommages ainsi causés sont souvent irréversibles. Voilà pourquoi il est essentiel de fournir toute la quantité de calories que votre métabolisme au repos requiert.

par jour vous réussirez à perdre une livre par semaine. Si vous réduisez votre apport de 250 calories par jour, vous perdrez alors une livre en deux semaines. Je rappelle qu'il est impératif que vous consommiez toujours au moins la quantité de calories que requiert votre métabolisme au repos (voir « Notions intéressantes sur le métabolisme au repos », page 19). Il faut donc éviter de couper radicalement dans les calories consommées.

2 **Augmenter le niveau d'activité physique :** avec cette option, vous mangez la même quantité de calories que vos besoins journaliers, mais vous créez un déséquilibre énergétique en augmentant votre niveau d'activité physique, ce qui accroîtra par le fait même votre dépense calorique.

3 **Couper dans les calories et augmenter le niveau d'activité physique :** votre dernière option pour réussir à perdre du poids consiste à diminuer vos apports caloriques tout en augmentant votre dépense énergétique par le biais de l'activité physique. Vous mangerez donc un peu moins de calories dans votre journée et en brûlerez un peu plus.

Votre niveau d'activité physique actuel peut vous guider quant à l'option à privilégier. Si vous êtes sédentaire, la troisième option est recommandée. Il sera plus facile pour vous de hausser votre niveau d'activité physique et de réduire légèrement vos apports caloriques puisque le fait d'intégrer l'exercice vous aidera à générer une dépense énergétique supplémentaire tout en améliorant votre condition physique. Si vous êtes déjà très actif et prévoyez continuer de l'être, miser davantage sur la restriction calorique s'avère peut-être un meilleur choix. Peu

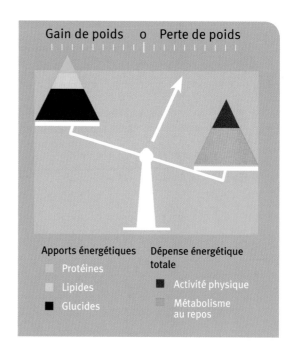

importe l'option choisie, être actif physiquement est bénéfique tant pour votre santé que pour l'atteinte de votre poids cible.

Vos besoins énergétiques
pour prendre du poids

Si vous souhaitez prendre du poids (possiblement de la masse musculaire), vous devez consommer plus de calories que votre dépense énergétique totale. Selon la quantité de poids que vous désirez prendre, vous pouvez ajouter jusqu'à 500 calories par jour à vos besoins journaliers actuels. De cette façon, vous pourrez prendre jusqu'à 1 livre par semaine. Pour éviter de prendre du gras et réussir à gagner de la masse musculaire, n'ajoutez pas plus de 500 calories par jour. Vous devrez aussi vous assurer de faire suffisamment d'exercice physique, et particulièrement de la musculation, afin de favoriser une prise de masse musculaire plutôt qu'un gain de masse adipeuse.

Peu importe votre objectif de poids, vous devrez accorder une attention particulière à la qualité des aliments consommés plutôt que de miser uniquement sur la quantité. Pour vous orienter sur la nature des aliments à consommer pour atteindre votre poids idéal, je vous propose d'utiliser la méthode du compte-portions.

Méthode du compte-portions

Maintenant que vous avez déterminé vos besoins journaliers en calories (notion de quantité), la méthode du compte-portions vous aidera à comprendre comment vous alimenter afin d'offrir tous les nutriments nécessaires à votre corps (notion de qualité). Il s'agit d'une approche structurée et pratique, inspirée du *Guide alimentaire canadien*, qui vous permettra de quantifier facilement vos apports nutritionnels pour atteindre une bonne santé tout en ayant un poids optimal. Cette approche est privilégiée par les nutritionnistes, qui encouragent fortement leurs clients à l'utiliser afin d'assurer leur équilibre alimentaire. Avec cette méthode, vous découvrirez ce que représente la taille d'une portion selon la nature des aliments et saurez combien en consommer afin de combler vos besoins journaliers.

Les aliments sont divisés en sept catégories : les légumes, les fruits, les féculents, les viande et substituts, le lait et ses substituts, les sucres ajoutés et les gras ajoutés. Chaque catégorie regroupe une variété d'aliments avec des caractéristiques et des valeurs nutritionnelles comparables.

Tableau compte-portions

PROFIL CALORIQUE	Légumes*	Fruits	Féculents	Lait et substituts	Viande et substituts	Gras ajoutés	Sucres ajoutés
À 1400 CALORIES	5 et +	2	4	3	2	1	0
À 1600 CALORIES	5 et +	2	5	3	3	1	0
À 1800 CALORIES	5 et +	3	5	3	3	1	0 ou 1
À 2000 CALORIES	6 et +	3	6	3	3	2	0 ou 1
À 2200 CALORIES	6 et +	3	7	3	4	2	0 ou 1
À 2400 CALORIES	6 et +	4	8	3	4	2	0 ou 1

* Les portions de légumes représentent un minimum à atteindre par jour. Ils peuvent être consommés à volonté.

Identifiez votre profil calorique

Plutôt que de calculer vos calories, votre tâche consistera à vous assurer de consommer quotidiennement toutes les portions nécessaires dans chacune de ces sept catégories. Référez-vous au tableau compte-portions (page 21) pour connaître le profil à adopter. Selon vos besoins journaliers en calories, calculés précédemment en fonction de votre objectif de poids, sélectionnez le profil calorique qui s'en rapproche le plus. Une fois celui-ci identifié, vous n'avez qu'à noter la quantité de portions des différents aliments que vous pouvez manger par jour.

Écoutez votre faim

Il faut toutefois être à l'écoute des signaux de faim et de satiété que vous envoie votre corps. En d'autres termes, si vous avez encore faim après avoir mangé toutes les portions indiquées dans votre profil, vous pouvez ajouter une à deux portions. Assurez-vous toutefois de combler vos besoins par des aliments sains en pigeant dans les catégories proposées. À l'inverse, cessez de manger lorsque vous êtes rassasié.

Les catégories d'aliments

Chaque catégorie d'aliments renferme plusieurs aliments et produits.

Dans la catégorie des **féculents**, on trouve par exemple les céréales, les barres de céréales, les craquelins, les pains, les pâtes, la semoule de blé (couscous), le quinoa, le riz et certains légumes plus sucrés comme la patate douce, la pomme de terre, le maïs et les pois verts.

Dans la catégorie des **fruits et légumes**, on retrouve évidemment la plupart des fruits et légumes frais, mais aussi les fruits et légumes séchés ou en conserve avec leur jus.

Exemple d'identification du profil calorique

Si votre dépense énergétique totale est de 1800 calories et que votre objectif de perte de poids exige de retrancher 350 calories, vos besoins journaliers sont dorénavant de 1450 calories. En vous référant au tableau compte-portions, vous remarquerez que le profil calorique le plus près de votre objectif est celui à 1400 calories. Selon ce profil calorique, vous devez manger tous les jours au moins 4 portions de légumes, 2 portions de fruits, 5 portions de féculents, 3 portions de lait et substituts, 2 portions de viande et substituts et 1 portion de gras ajoutés.

Concrètement, si vous devez manger 5 portions de féculents dans votre journée, vous devrez vous assurer de combler ces besoins par des aliments faisant partie de cette catégorie comme les pâtes, le pain, les craquelins, etc. Vous ferez de même pour toutes les autres catégories. Cela vous assurera de fournir à votre corps l'ensemble des nutriments nécessaires en quantité adéquate.

La catégorie **lait et substituts** inclut le lait, les boissons de soya et les yogourts.

Quant à la catégorie **viande et substituts**, elle regroupe les viandes et volailles, les poissons, les fruits de mer, les charcuteries, les œufs, les fromages allégés, les légumineuses, le tofu, les graines et les noix.

La catégorie des **gras ajoutés** comprend les huiles, le beurre et certains fromages gras qui ne sont pas présents dans les catégories viande et substituts et lait et substituts.

Finalement, la catégorie des **sucres ajoutés** regroupe les sauces sucrées, les boissons gazeuses, les desserts, les bonbons, le chocolat, etc.

À quoi correspond une portion ?

Après avoir noté la quantité de portions à consommer dans chacune des sept catégories, il importe de se familiariser avec le concept de portion. Pour ce faire, vous trouverez à la page suivante un tableau qui présente, pour chacune des catégories, des exemples d'aliments et leurs équivalences en quantité. Utilisez ce tableau pour vous donner une idée des portions types selon la catégorie. Vous pourrez profiter du fait que, dans chacune des recettes proposées dans ce livre, nous vous indiquons le nombre de portions qu'elles renferment. Comme vous n'êtes pas toujours en mesure de connaître la quantité de calories des aliments que vous consommez, cette méthode vous facilitera la tâche et vous rendra plus autonome lorsque vous mangerez à l'extérieur.

Je vous invite à tenir un **journal alimentaire** (voir page 223) afin de vous assurer que vous consommez des aliments dans chacune des catégories et, surtout, de valider que votre consommation de légumes est suffisante. Vous pourrez y noter les portions que vous aurez consommées chaque jour. La tenue de ce journal facilitera également la planification de vos repas.

Les étiquettes nutritionnelles

Tous les produits munis d'une étiquette nutritionnelle méritent une analyse particulière. Prenez soin de repérer la quantité des nutriments présents comme les fibres et les protéines, qui ont l'avantage de vous soutenir tout au long de la journée. Fiez-vous au pourcentage de la valeur quotidienne indiquée et sachez que si le produit contient un pourcentage de 15 % et plus d'un nutriment, cela signifie qu'il s'agit d'une source élevée. Pour le sodium, les gras saturés et trans, vous devriez viser 5 % et moins puisqu'ils sont moins nutritifs.

La liste des ingrédients

Un examen attentif de la liste des ingrédients est également recommandé. Optez pour les produits avec de courtes listes et des ingrédients simples. Un bon truc consiste à effectuer la lecture de tous les ingrédients et à vérifier si vous seriez en mesure de préparer la recette à la maison en utilisant ce que vous avez dans votre garde-manger. Si vous avez de la difficulté à comprendre ce que sont certains ingrédients, évitez

(suite page 26)

Des comparatifs de portions à portée de main !

QUANTITÉ	LA GROSSEUR DE...
⟶ 1 portion de fruits en morceaux (125 ml ou ½ tasse)	⟶ la moitié d'un poing fermé
⟶ 1 portion de légumes ou de fruits (250 ml ou 1 tasse)	⟶ un poing fermé
⟶ 1 portion de fromage (1 oz ou 30 g)	⟶ deux doigts collés
⟶ 1 portion de viande cuite (3 oz ou 90 g)	⟶ la paume de la main
⟶ 1 portion de poisson cuit (4 oz ou 125 g)	⟶ la main, les doigts collés
⟶ 1 portion de gras : huiles, margarines, etc. (1 c. à thé ou 2,5 ml)	⟶ le bout du pouce
⟶ 1 portion de sucre : sirop, miel, etc. (1 c. à soupe ou 5 ml)	⟶ le pouce complet

Tableau des équivalences de portions

CATÉGORIES D'ALIMENTS	ALIMENTS	ÉQUIVALENCES DE PORTIONS
FÉCULENTS (environ 20 g de glucides, 3 g de protéines et 120 calories par portion)		
Barres de céréales	Kashi ou Kashi croquantes	1 barre ou 1 sachet
Céréales à déjeuner froides	Fibre 1	125 ml (½ tasse, environ 30 g)
	Bran Flakes (Kellogg's)	250 ml (1 tasse, environ 30 g)
Céréales à déjeuner chaudes	Gruau nature Quaker	80 ml (⅓ tasse) avant cuisson (environ 30 g ou 1 sachet)
Craquelins ou biscottes	Ryvita ou Wasa	3
Pain (de grains entiers idéalement)	Pain sans sucres ni gras ajoutés (St-Méthode)	2 tranches (environ 60 g)
	Pain tranché régulier (Country Harvest, Bon matin)	1 tranche (environ 40 g)
	Pain pita	1 moyen (5 po ou 13 cm)
Produits céréaliers	Pâtes	125 ml (½ tasse)
	Riz	125 ml (½ tasse)
Légumes plus sucrés	Pomme de terre, patate douce	1 petite (2 × 2 po), grosseur d'une clémentine ou la moitié d'une patate douce moyenne
FRUITS (environ 20 g de glucides et 80 calories par portion)		
La plupart des fruits	Frais, surgelés ou en conserve non sucrés : orange, pêche, poire, pomme, etc.	L'équivalent d'une grosse pomme ou 175 ml (¾ tasse)
La plupart des fruits	Séchés, sans sucres ajoutés	60 ml (¼ tasse)
Jus de fruit pur à 100 %		175 ml (¾ tasse)
LÉGUMES (environ 5 g de glucides, 2 g de protéines et 25 calories par portion)		
La plupart des légumes	Frais, surgelés ou en conserve non sucrés	125 ml (½ tasse) de légumes cuits ou 250 ml (1 tasse) de légumes crus
Jus de légumes	Jus de légumes sans sel ajouté	125 ml (½ tasse)

CATÉGORIES D'ALIMENTS	ALIMENTS	ÉQUIVALENCES DE PORTIONS

LAIT ET SUBSTITUTS (environ 15 g de glucides, 8 g de protéines et 120 calories par portion)

CATÉGORIES D'ALIMENTS	ALIMENTS	ÉQUIVALENCES DE PORTIONS
Lait	Lait 2 %, 1 % ou 0 % m.g.	250 ml (1 tasse)
	Lait au chocolat 1 % m.g.	200 ml (1 berlingot)
Boisson de soya	Boisson de soya originale non sucrée	250 ml (1 tasse)
Yogourt	Yogourt nature 2 % m.g. et moins	175 ml (¾ tasse)
	Yogourt à la vanille ou aux fruits 2 % m.g.	125 ml (½ tasse)

VIANDE ET SUBSTITUTS (environ 20 g de protéines et 150 calories par portion)

Viande et volaille	Viandes maigres ou extra-maigres	90 g (3 oz) cuite ou l'équivalent d'un jeu de cartes
Poisson	Morue, sole, tilapia, etc.	120 g (4 oz) cuit
Fromage allégé	20 % m.g. ou moins (cheddar, suisse ou autre)	60 g (2 oz) ou l'équivalent de 4 doigts
Œufs	Entiers frais	2 moyens
Yogourt grec	Nature, 0 % m.g.	175 ml (¾ tasse)
Légumineuses	Lentilles, pois chiches, haricots rouges	125 ml (½ tasse) cuits

GRAS AJOUTÉS (environ 10 g de lipides et 90 calories par portion)

Gras et huiles	Beurre ou margarine non hydrogénée, huile végétale (canola, olive, tournesol ou autre)	10 ml (2 c. à thé)
Beurre de noix	Beurre d'arachide ou de noix	15 ml (1 c. à soupe)
Fromage	Fromages réguliers (parmesan, brie, camembert)	30 g (1 oz) ou 1 tranche

SUCRES AJOUTÉS (environ 15 g de glucides et 60 calories par portion)

Sauces sucrées et confiseries	Sirop d'érable, sucre, miel	15 ml (1 c. à soupe)
Dessert	Crème glacée, yogourt glacé ou sorbet	60 ml (¼ tasse)
	Pouding	

N. B. Les équivalences de portions sont précises à 5 g près de glucides, à 5 g près de protéines, à 5 g près de lipides et à 20 calories près.

de consommer le produit ! Un autre truc consiste à vérifier la nature des cinq premiers ingrédients, car ils sont une bonne indication de la qualité nutritive du produit. Gardez en tête que le premier ingrédient nommé est toujours celui que l'on retrouve en plus grande quantité.

Évitez l'achat de produits transformés et privilégiez les aliments frais. De cette façon, les bons repas préparés dans votre cuisine s'avéreront meilleurs à la fois pour votre santé, votre ligne et votre portefeuille. Pour vous aider à mieux comprendre la composition des produits que vous mangez, voici quelques informations utiles.

Les nutriments

Seuls les glucides, les protéines et les lipides sont utilisables par l'organisme pour lui fournir de l'énergie et permettre son bon fonctionnement. Leur apport est indispensable, d'où l'importance de tous les inclure dans notre alimentation quotidienne. Voici un résumé de leurs fonctions respectives et des exemples d'aliments dans lesquels on les retrouve.

Les glucides

Les glucides constituent la principale source d'énergie du corps et assurent le maintien des cellules. Le cerveau à lui seul consomme environ 140 grammes de glucides par jour, soit l'équivalent de 4 tasses de pâtes cuites. Les apports en glucides sont de deux types : les sucres simples (les fruits pelés, le lait, les boissons sucrées, le sirop, le miel et les confiseries) et les sucres complexes (les féculents, les fruits avec la pelure, les légumes et les légumineuses).

Des légumes à volonté !

Dans le tableau compte-portions, les quantités de légumes indiquées constituent un minimum à consommer. La taille d'une portion de légumes représente environ 125 ml (½ tasse) à 250 ml (1 tasse). Vous pouvez consommer des légumes en quantité illimitée, à l'exception du maïs, de la pomme de terre, de la patate douce et des pois verts, qui sont considérés comme des féculents et dont les portions sont spécifiées dans le tableau.

Les légumes doivent absolument faire partie de votre alimentation pour vous permettre d'acquérir et de conserver une bonne santé. Mangez-en une grande variété, en grande quantité. Optez pour les plus colorés : vert foncé, orangé, rouge, etc. Les légumes constituent une excellente source d'eau, de vitamines, de minéraux, de fibres et d'antioxydants, et ils renferment très peu de calories. Évitez de les arroser d'huile ou de les faire frire ; vous pourrez ainsi les ajouter à tous vos repas sans souci pour votre ligne !

Combien de glucides, protéines et lipides devrions-nous consommer ?

- Les glucides devraient représenter environ 45 à 65 % de l'apport calorique journalier.
- Les protéines devraient représenter 15 à 25 % de l'apport calorique journalier.
- Les lipides devraient représenter 15 à 30 % de l'apport calorique journalier.

Sources de glucides

┄┄⟩ Fruits, légumes sucrés, lait et substituts, féculents et sucres raffinés (miel, cassonade, sirop de maïs, mélasse, sirop d'érable), céréales, légumineuses.

Les protéines

Les protéines sont assemblées à partir d'acides aminés, dont huit sont indispensables au corps humain et doivent obligatoirement être fournis par l'alimentation. Elles jouent un rôle majeur dans le renouvellement des tissus musculaires, des os, des ongles, des cheveux et de la peau. Elles permettent la production d'enzymes digestives, d'hémoglobine et d'hormones. Avec des apports de protéines d'origine animale et végétale, on s'assure de couvrir l'ensemble de ses besoins.

Sources de protéines

→ Sources végétales : légumineuses, noix, graines, tofu.

→ Sources animales : œufs, lait, fromages allégés (moins de 20 % m.g.), viandes, poissons.

Les lipides

Les lipides (communément appelés les gras) entrent dans la composition des membranes cellulaires, ils transportent et absorbent les nutriments liposolubles comme les vitamines A, D, E, et K et participent au fonctionnement du système nerveux. Ils permettent également le bon fonctionnement des systèmes circulatoire, anti-inflammatoire et immunitaire. Les lipides se divisent en quatre catégories : les gras trans et les gras saturés sont considérés comme de mauvais gras, alors que les gras mono-insaturés et poly-insaturés constituent de bons gras. Les acides gras insaturés sont d'ailleurs essentiels à la croissance, ils protègent contre le développement de certaines maladies et contribuent au maintien d'une bonne santé. Petit truc pour les reconnaître facilement : à la température de la pièce, les bons gras sont liquides alors que les mauvais gras sont solides. Sachez que la majorité des gras de source animale sont saturés alors que les gras de source végétale sont insaturés.

Mangez frais !

Idéalement, la majorité des aliments que nous consommons devraient se rapprocher de leur forme originale et nous devrions tenter de diminuer notre consommation de produits provenant de l'industrie agroalimentaire. Leurs teneurs souvent trop élevées en sucre, en sel et en gras font en sorte que les produits pré-emballés constituent de moins bons choix pour la santé. Ils peuvent également renfermer des substances chimiques pour augmenter leur durée de conservation, pour rehausser leur goût et même leur apparence. Nous devons donc être vigilants avant d'acheter un produit transformé et savoir quoi regarder sur l'emballage.

Le sucre, savoir doser sa consommation

Le sucre se trouve dans les desserts et les bonbons, mais il se cache aussi dans les boissons fruitées, les céréales à déjeuner et même dans les yogourts, les vinaigrettes, les sauces BBQ et le ketchup ! Des mots comme « dextrose » et « sirop de maïs à haute teneur en fructose » sont synonymes de sucre ; attention à leur présence dans la liste des ingrédients. Puisqu'il est soupçonné d'être responsable de la montée en flèche de l'obésité, des maladies cardiovasculaires, du diabète et que, selon certains, il serait aussi toxique que l'alcool, il faut diminuer notre consommation de sucre. Chose certaine, en cuisinant soi-même ses plats, les quantités de sucre peuvent être mieux contrôlées.

Parmi les recettes présentées dans ce livre, vous remarquerez qu'au lieu d'utiliser du sucre blanc (privé de ses minéraux et antioxydants lors de son processus de raffinement), des sucres plus « naturels » comme le sirop d'érable, le miel et le sucre de canne vous sont proposés. Optez donc pour ces alternatives au sucre blanc, mais souvenez-vous qu'en fin de compte, tous les sucres peuvent être nuisibles pour la santé lorsqu'on en abuse !

Sources de lipides

→ Sources de bons gras : huiles d'olive, de lin, de canola, de soya et de noix, grains, noix, œufs, poissons, avocats.

→ Sources de mauvais gras : les viandes rouges, certains produits laitiers (comme le yogourt 2 % et plus, le lait 3,25 %), certains gras (comme le beurre et les margarines hydrogénées), plusieurs produits industriels préparés comme les poudings, les viennoiseries, les pâtes feuilletées.

Comme vous avez pu le constater dans le tableau des équivalences de portions (page 24), chaque catégorie d'aliments représente une certaine quantité de glucides, de protéines et de lipides. En effet, ces nutriments se concentrent dans certains aliments alors qu'ils se cachent en petite quantité dans d'autres. Par exemple, les noix sont souvent présentées comme une bonne source de protéines. Il faut toutefois savoir qu'elles renferment aussi des glucides et une quantité deux à cinq fois plus élevée de lipides. D'autre part, une pomme constitue une excellente source de glucides et de fibres mais ne contient aucun des deux autres nutriments. Pour mieux évaluer ses propriétés nutritives et son apport calorique, on doit considérer l'aliment dans son ensemble. C'est d'ailleurs pourquoi la méthode du compte-portions vous facilite la tâche en vous fournissant des catégories d'aliments dont les propriétés ont déjà été calculées pour vous.

Les vitamines et les minéraux

Les micronutriments que sont les vitamines et les minéraux sont indispensables à la bonne assimilation, la transformation et l'utilisation des macronutriments (glucides, protéines et lipides). Contrairement à ce que l'on pourrait penser, ils ne fournissent pas d'énergie, c'est-à-dire qu'ils sont exempts de calories. Comme le corps ne peut les fabriquer, une alimentation variée, de bonne qualité et équilibrée permet d'offrir à l'organisme les micronutriments dont il a besoin.

L'eau

De tous les nutriments, l'eau est le plus indispensable à la survie. Tous les tissus humains contiennent de l'eau en proportions variées. À titre indicatif, les muscles se composent aux trois quarts d'eau, tandis qu'elle représente le quart de la composition des tissus adipeux (gras). Même les os contiennent de l'eau : elle constitue environ 20 % du squelette. Presque toutes les fonctions du corps nécessitent de l'eau, que ce soit la digestion, l'absorption, le transport de nutriments, la construction des tissus ou le maintien de la température. Comme elle est également exempte de calories, l'eau devrait être privilégiée aux autres boissons pour combler les besoins d'hydratation du corps. Boire de l'eau doit faire partie de vos habitudes journalières et les apports doivent être augmentés particulièrement chez les personnes actives physiquement.

À vos chaudrons !

Vous comprenez maintenant à quel point la qualité et la quantité des aliments que vous consommez peuvent optimiser les fonctions de votre corps tout en vous aidant à atteindre votre composition corporelle idéale, c'est-à-dire une répartition et une proportion adéquates des tissus adipeux (gras) et de la masse musculaire. Vous pourrez donc encore mieux apprécier l'ensemble des recettes qui vous sont proposées. Mais avant de vous laisser les cuisiner et les déguster, je me dois de vous rappeler l'importance d'intégrer l'exercice physique dans votre vie.

Le beurre : est-ce vraiment bien meilleur ?

Le beurre contient environ 60 % de gras saturés (mauvais gras), tandis que les huiles végétales comme l'huile d'olive et de canola en contiennent moins de 20 %. Le beurre contiendrait toutefois de l'acide butyrique, un acide gras saturé à chaîne courte qui aurait un potentiel protecteur contre certains cancers.

Verdict : allez-y modérément avec le beurre. Voici quelques trucs pour diminuer vos apports en mauvais gras.

• Optez pour une source de gras plus nutritive pour tartiner votre pain, comme 1 c. à soupe de beurre d'arachide ou de fromage à la crème sans gras.

• Pour la cuisson, utilisez une poêle antiadhésive. Vous aurez besoin de moins de gras pour cuire vos aliments. Sachez que les gras à haute teneur en acide oléique (oméga-9) résistent mieux à la chaleur. Optez pour l'huile de tournesol à teneur modifiée en acide oléique de Unico ou encore l'huile d'olive Antico qui présente sa version idéale pour la cuisson. Pour diminuer la quantité utilisée, remplacez l'huile par un aérosol (Pam) ou encore mettez l'huile dans un vaporisateur.

• Pour cuire vos légumes, remplacez l'huile par de l'eau ou du bouillon de poulet à faible teneur en sodium. Vous obtiendrez de bons légumes à cuisson vapeur, rapidement.

• Dans vos vinaigrettes maison, optez pour l'huile d'olive, de canola ou de lin, riches en oméga-3. Remplacez la moitié de l'huile par de l'eau. Ajoutez-y un peu de vinaigre, de moutarde et de citron, et voilà une bonne vinaigrette légère !

Se mettre en forme pour sa santé !

Être en santé et avoir une meilleure qualité de vie impliquent nécessairement d'être en bonne condition physique. En tant que spécialiste de la motivation à l'entraînement, je ne peux m'empêcher de vous recommander fortement de faire de l'exercice, même si le propos de ce livre est axé sur l'alimentation ! Comme pour la saine nutrition, être actif physiquement requiert temps et efforts mais s'avère extrêmement payant, car les bénéfices pour la santé sont énormes.

Les avantages d'un mode de vie actif sont à la fois d'ordre physiologique et psychologique. Pour n'en nommer que quelques-uns, notons l'augmentation du niveau d'énergie, la diminution des risques de développer certains cancers, l'amélioration de la composition corporelle, la diminution des risques de souffrir de maladies coronariennes et de diabète de type 2, l'amélioration de la qualité du sommeil, le renforcement des os, la diminution du stress, le soulagement des symptômes liés à la dépression, l'amélioration de l'humeur et de certaines fonctions cognitives comme la mémoire, le soulagement des maux de dos et l'augmentation de la durée de vie en bonne santé. Cette liste très partielle des avantages que procure la pratique régulière de l'activité physique devrait suffire à nous convaincre d'en faire une priorité dans nos vies !

5 trucs pour intégrer la pratique régulière de l'activité physique

1. Déterminez les moments précis où vous vous adonnerez à l'exercice et respectez ce que vous avez inscrit à votre agenda.

2. Munissez-vous d'une bonne paire de chaussures et commencez une fois pour toutes !

3. Abonnez-vous à un centre de conditionnement physique de qualité, car même lorsque la météo ne sera pas clémente, vous devrez vous entraîner.

4. Demandez l'aide d'un entraîneur personnel qualifié pour vous prescrire un programme d'entraînement physique adapté à vos besoins.

5. Afin de rendre vos séances d'entraînement plus agréables, variez la nature de vos activités, écoutez de la musique, participez à des cours de groupe, etc.

Faire de l'exercice pour mieux gérer son poids

En faisant régulièrement de l'exercice physique, le contrôle du poids devient plus aisé. Voilà un autre bénéfice non négligeable ! Les écarts alimentaires font alors moins de ravages. Lorsqu'on dépense plus d'énergie, on peut se permettre de manger un peu plus. Une personne ayant un bon appétit arrivera à mieux tolérer les conséquences de ces « abus » occasionnels si elle est active physiquement.

Le fait d'augmenter votre tonus musculaire grâce à l'exercice améliorera aussi votre capacité de brûler un plus grand nombre de calories. En effet, des muscles plus forts permettent de soutenir des efforts plus rigoureux, avec une meilleure résistance à la fatigue. Vous serez en mesure d'en accomplir plus dans votre journée, ce qui augmentera votre dépense énergétique totale sans que vous vous sentiez épuisé. Vous avez donc tout intérêt à maintenir et même à développer votre masse musculaire.

Dans un processus de perte de poids, il ne suffit pas de couper la quantité de nourriture que l'on mange ; cela peut devenir frustrant et même extrêmement difficile à soutenir à long terme. Il faut absolument garder à l'esprit que le fait de réduire son apport calorique de façon draconienne, comme le proposent plusieurs régimes sévères, causera inévitablement des effets pervers sur le métabolisme au repos. Pour éviter les écueils, il vaut mieux jumeler saine alimentation et pratique régulière de l'exercice physique.

Bien manger pour mieux bouger !

Si vous êtes actif physiquement, vous avez certainement déjà remarqué que votre niveau d'énergie varie d'une séance à l'autre. Cette variation peut être grandement influencée par ce que vous avez mangé avant l'effort. Les effets d'une saine alimentation sur un corps actif sont remarquables. Si vous lui donnez le bon carburant, votre corps arrive à fournir l'énergie nécessaire lors de l'effort, il est alors plus performant à l'entraînement et récupère plus facilement. Par ailleurs, l'alimentation influence aussi la façon dont les calories seront utilisées comme source immédiate d'énergie ou emmagasinées sous forme de gras.

L'amélioration de la circulation sanguine, des os plus solides et plus forts, une diminution de la masse adipeuse, un cœur en meilleure forme et des muscles plus efficaces sont tous le résultat des mécanismes d'adaptation mis en branle après chaque séance d'exercice. Ceux-ci sont facilités par une alimentation adéquate tant en quantité qu'en qualité. La nature des repas, la grosseur des portions, le moment auquel vous les consommez et les collations que vous avez prises entre ces repas jouent tous un rôle clé sur l'efficacité de vos entraînements et de votre récupération. En mangeant mieux, vous accomplirez vos séances d'entraînement avec plus d'entrain et vous obtiendrez de meilleurs résultats, ce qui augmentera inévitablement votre motivation à poursuivre.

L'activité physique génère une dépense énergétique et une perte hydrique (perte d'eau). Vous devez donc boire suffisamment d'eau et vous assurer de fournir à votre corps par votre alimentation le carburant nécessaire. Vos apports énergétiques devront être ajustés en fonction de la durée et de l'intensité de vos séances et des activités à accomplir le reste de la journée. Une liste complète d'idées de collations vous est fournie dans la section suivante.

L'importance
des collations

Les collations servent à éviter
une baisse d'énergie entre deux
repas ou encore à refaire les réserves
d'énergie après un effort physique
soutenu, comme un entraînement.

Pour qu'une collation soutienne, elle doit contenir
au moins deux des quatre groupes alimentaires, et
préférablement des glucides et des protéines. La présence de fibres contribuera également à augmenter
le sentiment de satiété. Comme la consommation
quotidienne idéale de légumes et de fruits peut être
difficile à atteindre, vous pouvez utiliser les collations
pour combler ces manques.

   Le tableau suivant décrit pourquoi il est important de prendre une collation lorsqu'on s'entraîne,
la nature des aliments à privilégier et comporte des
conseils pratiques pour maximiser vos performances
sportives et refaire le plein d'énergie après vos
séances d'entraînement tout en gérant sainement
votre poids. Je vous donnerai ensuite des exemples
de collations à prendre avant et après vos entraînements ou entre les repas.

Les collations et l'entraînement

	OBJECTIF	CONSEIL
AVANT L'ENTRAÎNEMENT	→ Faire le plein pour assurer un bon niveau d'énergie lors de l'entraînement.	→ **30 à 60 minutes avant l'entraînement** Privilégier les glucides et éviter les aliments à teneur élevée en fibres et les gras qui ralentissent la digestion. → **1 h 30 à 2 heures avant l'entraînement** Privilégier les glucides, soit l'amidon (sucre contenu dans les féculents) et un peu de fibres, ainsi qu'une source de protéine.
PENDANT L'ENTRAÎNEMENT	→ Combler les pertes hydriques et l'épuisement des réserves d'énergie pour des efforts intenses ou prolongés.	→ L'eau suffit pour des <u>activités de moins de 60 minutes</u>. → Pour des <u>activités de plus de 60 minutes</u> ou plus intenses, privilégier une boisson contenant des glucides. Une boisson à base de jus de fruits dilué dans de l'eau ou une boisson énergétique de type Gatorade fera l'affaire. → Éviter les boissons stimulantes qui contiennent de la caféine, de la théine ou du guarana.
APRÈS L'ENTRAÎNEMENT	→ Refaire les réserves d'énergie rapidement pour favoriser la récupération des muscles, éviter une fatigue marquée, demeurer actif le reste de la journée et réussir à faire une séance d'entraînement plus efficace le lendemain.	→ Dans les <u>30 minutes suivant l'entraînement</u>, les apports en glucides et en protéines sont importants puisque le corps est particulièrement réceptif et plus efficace pour refaire ses réserves. → Sachez aussi que les liquides seront absorbés plus rapidement. → Favoriser une collation contenant trois fois plus de glucides que de protéines (3 g de glucides pour 1 g de protéines).

Quarante collations gagnantes

Voici une liste de collations santé complètes et avec lesquelles vous vous sentirez rassasié jusqu'au prochain repas. Bien que je vous suggère de respecter les quantités indiquées, soyez attentif à vos signaux de faim et de satiété et ajustez la taille des portions en fonction de vos besoins. Les collations ont été regrou-pées selon la durée qui sépare la prise de la collation de la séance d'exercice. À l'exception des collations proposées 30 à 60 minutes avant l'entraînement (qui contiennent presque seulement des glucides), sachez qu'elles constituent toutes de bonnes collations à consommer même si vous ne vous entraînez pas.

10 idées de collations à manger... **30 à 60 minutes avant la séance d'entraînement**

ALIMENTS QUI CONTIENNENT MAJORITAIREMENT DES GLUCIDES
⟶ 1 fruit frais, comme 1 pomme ou 20 raisins ou 250 ml (1 tasse) de petits fruits ou de melon
⟶ 1 portion de compote de pommes et poires (voir recette p. 207)
⟶ 1 portion de salade de fruits exotiques (voir recette p. 194) avec 125 ml (½ tasse) de yogourt à la vanille
⟶ 1 pouding Belsoy au caramel
⟶ 1 yogourt à boire DanActive
⟶ 1 muffin bananes et canneberges (voir recette p. 211)
⟶ 1 muffin yogourt et bleuets (voir recette p. 214)
⟶ 250 ml (1 tasse) de céréales Cheerios multigrains
⟶ 1 barre granola aux fruits Kashi (choco-cerises, par exemple)
⟶ 60 ml (¼ tasse) de fruits séchés

10 idées de collations à manger... 1 h 30 à 2 heures avant la séance d'entraînement

Concoctez votre collation complète en sélectionnant un aliment dans la colonne des glucides et un aliment dans la colonne des protéines. Vous pouvez aussi choisir un aliment qui contient à la fois des glucides et des protéines. Les aliments proposés comportent peu de fibres et de gras pour éviter des problèmes digestifs lors de l'entraînement.

CRÉEZ VOTRE COLLATION : COMBINEZ 1 PORTION DE GLUCIDES AVEC 1 PORTION DE PROTÉINES

GLUCIDES	PROTÉINES
→ 2 kiwis ou ½ banane	→ 250 ml (1 tasse) de lait écrémé
→ 1 barre de fruits « Fruit-to-go »	→ 60 g (2 oz) de fromage allégé (moins de 20 % m.g.)
→ 2 galettes de riz	→ 30 ml (2 c. à soupe) de graines de soya rôties
→ 1 tranche de pain aux raisins	→ 190 ml (¾ tasse) de yogourt grec nature de 0 % à 2 % m.g.
→ 4 toasts Melba ou 8 biscuits soda	→ 1 petite boîte de conserve (120 g ou 4 oz) de thon
→ 125 ml (½ tasse) de salade de fruits en conserve	→ 125 ml (½ tasse) de fromage cottage

COLLATIONS COMPLÈTES : ALIMENTS QUI CONTIENNENT À LA FOIS DES GLUCIDES ET DES PROTÉINES

→ 1 portion de granola maison (voir recette p. 210)

→ 100 g (4 oz) de tofu dessert

→ 1 barre tendre énergétique (voir recette p. 204)

→ 1 portion de tortillas grillées avec trempette cajun (voir recette p. 216)

5 idées de collations à manger... dans les 30 minutes suivant la séance d'entraînement

ALIMENTS QUI CONTIENNENT UN RATIO DE 3 POUR 1 (glucides et protéines)

→ 250 ml (1 tasse) de lait au chocolat ou de boisson de soya

→ 250 ml (1 tasse) de kéfir aromatisé aux framboises

→ 1 portion de délice à l'érable (voir recette p. 208)

→ 1 yogourt à boire Yop

→ 1 portion de granola maison (voir recette p. 210)

15 idées de collations à manger... **entre les repas**

Des combinaisons d'aliments vous sont proposées, mais vous pouvez aussi associer des aliments de la colonne des glucides avec n'importe lequel de la colonne des protéines pour former une collation complète à votre goût. Vous pouvez également choisir un aliment qui contient à la fois des glucides et des protéines.

CRÉEZ VOTRE COLLATION : COMBINEZ 1 PORTION DE GLUCIDES AVEC 1 PORTION DE PROTÉINES

GLUCIDES	PROTÉINES
125 ml (½ tasse) de tomates cerises	45 ml (3 c. à soupe) de perles de fromage bocconcini allégé
250 ml (1 tasse) de brocoli et de chou-fleur	30 ml (2 c. à soupe) de Boursin léger en trempette
250 ml (1 tasse) de bâtonnets de carottes, céleri et poivrons	30 ml (2 c. à soupe) de trempette aux épinards Fontaine Santé légère
250 ml (1 tasse) de petites carottes	2 fromages Babybel allégés
1 muffin carottes et courgettes (voir recette p. 212)	1 fromage Ficello allégé
125 ml (½ tasse) de compote de fruits non sucrée et 30 ml (2 c. à soupe) de All Bran Buds	125 ml (½ tasse) de yogourt nature de 0 % à 2 % m.g.
8 biscuits Thé social	1 café au lait écrémé
3 craquelins Ryvita	1 tranche (30 g ou 1 oz) de fromage suisse allégé
1 muffin anglais de blé entier	15 ml (1 c. à soupe) de beurre d'arachide naturel
1 fruit frais de grosseur moyenne	10 amandes ou noix de Grenoble ou noix du Brésil

COLLATIONS COMPLÈTES : ALIMENTS QUI CONTIENNENT À LA FOIS DES GLUCIDES ET DES PROTÉINES

→ 1 barre tendre Kashi saveur Mélange du randonneur (ou autre)

→ 1 tranche de pain à l'orange et aux noix (voir recette p. 215)

→ 1 portion de trempette au citron avec crudités (voir recette p. 208)

→ 125 ml (½ tasse) de chia-pouding (boisson de soya à la vanille et 20 ml [4 c. à thé] de graines de chia entières trempées pendant environ 30 min)

→ 125 ml (½ tasse) de yogourt aux fruits (moins de 2 % m.g.)

Bon appétit et bonne santé!

Déjeuners

Burritos déjeuner

par *Marilyne Petitclerc,* Dt. P., nutritionniste

VÉGÉTARIEN	PRÉPARATION : 10 MIN CUISSON : 3 MIN PORTIONS : 2

Salsa maison

60 ml (¼ tasse) de tomates cerises, en dés

½ gousse d'ail, pressée

5 ml (1 c. à thé) d'huile d'olive

5 ml (1 c. à thé) d'échalote grise, hachée finement

Tabasco au goût

Burritos

5 ml (1 c. à thé) d'huile d'olive

2 œufs

60 ml (¼ tasse) de fromage mozzarella allégé*, râpé

Sel et poivre au goût

2 tortillas de blé entier de 7 po

10 feuilles de bébés épinards

* moins de 20 % m.g.

Accompagnez votre burrito déjeuner de (1 portion)

1 pêche

125 ml (½ tasse) de lait 1 %

- Dans un bol, mélanger tous les ingrédients de la salsa. Réserver.

- Chauffer l'huile dans une poêle antiadhésive, puis brouiller les œufs. Alors que les œufs sont encore baveux, ajouter le fromage. Saler, poivrer.

- Réchauffer les tortillas 15 sec au micro-ondes, puis garnir d'épinards, du mélange d'œufs et de salsa. Rouler pour faire des burritos.

PAR PORTION (incluant l'accompagnement)	410 CALORIES	47 g GLUCIDES	20 g PROTÉINES	16 g LIPIDES
	1 LÉGUME	1 FÉCULENT	½ LAIT ET SUBSTITUTS	½ VIANDE ET SUBSTITUTS	½ GRAS

Crêpes aux petits fruits et à la ricotta

par *Marie-Ann Sallaleh,* Dt. P., nutritionniste

| VÉGÉTARIEN | PRÉPARATION : 15 MIN | CUISSON : 20 MIN |
| | REPOS : 30 MIN | PORTIONS : 4 |

Crêpes

1 œuf

125 ml (½ tasse) de farine de blé entier

80 ml (⅓ tasse) de farine tout usage

30 ml (2 c. à soupe) de graines de lin moulues

375 ml (1 ½ tasse) de lait 1 %

15 ml (1 c. à soupe) de beurre

Garniture

250 ml (1 tasse) de fromage ricotta allégé*

30 ml (2 c. à soupe) de sirop d'érable

250 ml (1 tasse) de framboises

250 ml (1 tasse) de fraises, tranchées

125 ml (½ tasse) de bleuets

* moins de 20 % m.g.

- Dans un bol, fouetter l'œuf, les farines, les graines de lin et le lait jusqu'à ce que la préparation soit lisse et homogène. Laisser reposer 30 min.

- Déposer le beurre sur une feuille de papier absorbant et replier celle-ci de façon à former une pochette de beurre.

- Chauffer une grande poêle antiadhésive et frotter le fond avec la partie imbibée de la pochette de beurre.

- Verser environ 60 ml (¼ tasse) de la préparation, l'étendre afin que la crêpe soit le plus mince possible et faire dorer des deux côtés. Continuer de la même manière avec le reste du mélange. Empiler sur une assiette et réserver au chaud.

  Ces crêpes peuvent être préparées à l'avance et congelées.

- Dans un bol, mélanger le fromage et le sirop d'érable.

- Sur une surface de travail, déposer une crêpe et en garnir le centre dans le sens de la longueur avec environ 30 ml (2 c. à soupe) du mélange de ricotta. Répartir également les petits fruits sur les crêpes et rouler en cigares (ou plier en deux).

| PAR PORTION | 370 CALORIES | 46 g GLUCIDES | 17 g PROTÉINES | 14 g LIPIDES |
| | | 1 FRUIT | 1 FÉCULENT | ½ VIANDE ET SUBSTITUTS | ½ GRAS |

Smoothie fruité
par *Marie-Ève Morin,* Dt. P., nutritionniste

VÉGÉTARIEN, SANS GLUTEN	PRÉPARATION : 5 MIN	PORTIONS : 2

175 ml (⅔ tasse) de yogourt grec à la vanille 0 %
175 ml (⅔ tasse) de bleuets congelés
125 ml (½ tasse) de jus de raisin
250 ml (1 tasse) de lait 1 %
1 banane
10 ml (2 c. à thé) de sirop d'érable

Accompagnez votre smoothie de (1 portion)
1 rôtie de pain multigrain (ou pain sans gluten)
30 g (1 oz) de fromage cheddar allégé*

* moins de 20 % m.g.

- À l'aide d'un mélangeur, réduire tous les ingrédients en purée lisse.

PAR PORTION (incluant l'accompagnement)	398 CALORIES	60 g GLUCIDES	23 g PROTÉINES	8 g LIPIDES
	1 ½ FRUIT	1 FÉCULENT	½ LAIT ET SUBSTITUTS	½ VIANDE ET SUBSTITUTS

Teneur élevée en calcium, phosphore, riboflavine et vitamine C.

Smoothie sur le pouce !
par *Alina Petre,* Dt. P., nutritionniste

VÉGÉTARIEN	PRÉPARATION : 5 MIN	PORTION : 1

190 ml (¾ tasse) de yogourt grec à la vanille 0 %
250 ml (1 tasse) de petits fruits frais ou congelés
250 ml (1 tasse) de lait écrémé
30 ml (2 c. à soupe) de gruau à cuisson rapide
5 ml (1 c. à thé) de sirop d'érable

- À l'aide d'un mélangeur, réduire tous les ingrédients en purée lisse.

PAR PORTION	358 CALORIES	58 g GLUCIDES	27 g PROTÉINES	2 g LIPIDES
	1 FRUIT	½ FÉCULENT	2 LAIT ET SUBSTITUTS	½ SUCRE

Riche en calcium et en antioxydants.

Pain aux pommes et aux pacanes

par *Maggie Vallières,* Dt. P., M. Sc., nutritionniste

VÉGÉTARIEN	PRÉPARATION : 15 MIN	CUISSON : 45-60 MIN	PORTIONS : 10

- 375 ml (1 ½ tasse) de farine de blé entier
- 2,5 ml (½ c. à thé) de poudre à pâte
- 2,5 ml (½ c. à thé) de bicarbonate de soude
- 5 ml (1 c. à thé) de cannelle moulue
- 2,5 ml (½ c. à thé) de muscade moulue
- 80 ml (⅔ tasse) de raisins secs
- 60 ml (¼ tasse) de pacanes, hachées
- 2 œufs
- 160 ml (⅔ tasse) de sucre de canne brut
- 50 ml (environ 3 c. à soupe) d'huile d'olive
- 160 ml (⅔ tasse) de yogourt nature 0 %
- 1 pomme, en dés
- ½ courgette, râpée

Accompagnez votre pain de (1 portion)

- 125 ml (½ tasse) de fromage cheddar allégé*, en dés
- 1 pomme verte

* moins de 20 % m.g.

- Préchauffer le four à 180 °C (350 °F).

- Dans un grand bol, mélanger les ingrédients secs (sauf le sucre).

- Dans un autre bol, battre les œufs, le sucre et l'huile. Incorporer le yogourt, la pomme et la courgette, puis bien mélanger.

- Incorporer la préparation aux ingrédients secs et bien mélanger.

- Verser dans un moule à pain antiadhésif et cuire environ 45 à 60 min.

- Laisser refroidir le pain dans son moule environ 15 à 20 min avant de le démouler.

PAR PORTION (incluant l'accompagnement)	415 CALORIES	55 g GLUCIDES	23 g PROTÉINES	13 g LIPIDES
		1 ½ FRUIT	1 FÉCULENT	1 VIANDE ET SUBSTITUTS	½ GRAS

Cretons de veau maison

par *Jade Bégin-Desplantie,* Dt. P., nutritionniste

SANS GLUTEN

PRÉPARATION : 10 MIN   CUISSON : 45 MIN   RÉFRIGÉRATION : 8 H
PORTIONS : 6 × 125 ML (½ TASSE)

454 g (1 lb) de veau haché maigre

284 ml (10 oz ou 1 boîte) de crème de champignons allégée

30 ml (2 c. à soupe) d'eau

1 oignon, émincé

5 ml (1 c. à thé) de moutarde de Dijon

15 ml (1 c. à soupe) de ciboulette séchée

1 pincée de clou de girofle moulu (facultatif)

Sel et poivre au goût

Accompagnez vos cretons de (1 portion)

2 tranches de pain multigrain (ou pain sans gluten)

1 pêche

- Mélanger tous les ingrédients dans une casserole antiadhésive.

- Cuire à feu doux 45 min en brassant fréquemment.

- Laisser tiédir. Couvrir et réfrigérer environ 8 h ou une nuit.

PAR PORTION (incluant l'accompagnement)	392 CALORIES	47 g GLUCIDES	24 g PROTÉINES	12 g LIPIDES
		1 FRUIT	2 FÉCULENTS	1 VIANDE ET SUBSTITUTS	½ GRAS

Galettes de sarrasin aux fraises

par *Claudia Pitre,* Dt. P., nutritionniste

VÉGÉTARIEN, SANS GLUTEN   PRÉPARATION : 10 MIN   CUISSON : 10 MIN   PORTIONS : 4

375 ml (1 ½ tasse) de farine de sarrasin

2,5 ml (½ c. à thé) de bicarbonate de soude

1 œuf

250 ml (1 tasse) de lait 1 %

2,5 ml (½ c. à thé) de sel

250 ml (1 tasse) d'eau

30 ml (2 c. à soupe) d'huile de canola

Accompagnez votre galette de (1 portion)

125 ml (½ tasse) de yogourt nature 0 %

5 ml (1 c. à thé) de miel

250 ml (1 tasse) de fraises, tranchées

- Dans un grand bol, mélanger la farine de sarrasin et le bicarbonate de soude.

- Dans un autre bol, mélanger l'œuf, le lait et le sel.

- Incorporer doucement le second mélange au premier. Ajouter de l'eau en fouettant jusqu'à l'obtention d'une consistance lisse.

- Chauffer une poêle légèrement huilée et y verser le quart du mélange.

- Attendre que de petits trous se forment à la surface de la galette avant de la retourner.

- Au moment de servir, garnir de yogourt nature, de miel et de fraises.

Quelques mots sur le sarrasin
Tout comme le quinoa et l'amarante, le sarrasin est généralement qualifié de pseudo-céréale, car, contrairement aux céréales classiques, il n'appartient pas à la famille des graminées. Pour cette raison, sa composition nutritionnelle diffère passablement de celle de ces dernières ; il est notamment exempt de gluten et plus riche en protéines. On le consomme toutefois comme une céréale.

PAR PORTION (incluant l'accompagnement)	413 CALORIES	65 g GLUCIDES	17 g PROTÉINES	12 g LIPIDES
	1 FRUIT	2 FÉCULENTS	1 LAIT ET SUBSTITUTS	½ GRAS

Teneur élevée en fibres (7 g par portion).

Cocktail déjeuner
par *Émilie Morin*, Dt. P., nutritionniste

VÉGÉTARIEN, SANS GLUTEN	PRÉPARATION : 5 MIN PORTION : 1

150 g (5 oz) de tofu dessert aux petits fruits
125 ml (½ tasse) de fraises congelées
125 ml (½ tasse) de bleuets congelés
250 ml (1 tasse) de lait 1 %

Accompagnez votre cocktail de (1 portion)
2 rôties de pain de blé entier (ou pain sans gluten)

• Dans un mélangeur, réduire tous
les ingrédients en purée lisse.

PAR PORTION (incluant l'accompagnement)	398 CALORIES	68 g GLUCIDES	20 g PROTÉINES	8 g LIPIDES
	1 FRUIT	2 FÉCULENTS	1 LAIT ET SUBSTITUTS	1 VIANDE ET SUBSTITUTS

Gruau bon matin
par *Ariane Lavigne*, Dt. P., nutritionniste

VÉGÉTARIEN	PRÉPARATION : 5 MIN CUISSON : 25 MIN PORTIONS : 4

250 ml (1 tasse) d'avoine découpée
à l'ancienne (ne pas utiliser du gruau instantané)
500 ml (2 tasses) de yogourt grec nature 0 %
60 ml (¼ tasse) de sirop d'érable
675 ml (2 ⅔ tasses) de fruits des champs
(ou autre, selon la saison)
80 ml (⅓ tasse) de noix de Grenoble, en morceaux
80 ml (⅓ tasse) de raisins secs

• Dans une casserole, faire cuire le gruau
en suivant les indications figurant
sur l'emballage. Laisser mijoter doucement
à découvert environ 25 min en remuant
fréquemment jusqu'à ce que le gruau
épaississe et soit tendre.

• Servir le gruau dans un bol et garnir
de yogourt, de sirop d'érable, de fruits,
de noix et de raisins secs.

PAR PORTION	391 CALORIES	60 g GLUCIDES	21 g PROTÉINES	10 g LIPIDES	
	1 FRUIT	1 FÉCULENT	½ VIANDE ET SUBSTITUTS	½ GRAS	1 SUCRE

Scones aux graines de pavot, au citron et à l'orange

par *Annie Blais,* Dt. P., nutritionniste

VÉGÉTARIEN	PRÉPARATION : 35 MIN	CUISSON : 18 MIN
	REPOS : 1 H	PORTIONS : 12

625 ml (2 ½ tasses) de farine tout usage

30 ml (2 c. à soupe) de sucre de canne

12,5 ml (2 ½ c. à thé) de poudre à pâte

2,5 ml (½ c. à thé) de bicarbonate
de soude

2,5 ml (½ c. à thé) de sel

125 ml (½ tasse) de margarine
non hydrogénée, en dés

250 ml (1 tasse) de babeurre 1 %

1 gros œuf

15 ml (1 c. à soupe) de zeste de citron,
râpé

15 ml (1 c. à soupe) de zeste d'orange,
râpé

20 ml (4 c. à thé) de graines de pavot

**Accompagnez votre scone
de (1 portion)**

1 contenant individuel de 100 g
(100 ml ou 3,5 oz) de yogourt grec
à la vanille 0 %

1 mangue, en morceaux

- Préchauffer le four à 200 °C (400 °F).

- Dans un grand bol, mélanger la farine, le sucre,
la poudre à pâte, le bicarbonate de soude et le sel.
Ajouter la margarine et travailler la préparation
avec les mains jusqu'à ce qu'elle ait la texture d'une
chapelure grossière.

- Dans un petit bol, combiner le babeurre et l'œuf.
Ajouter la préparation de babeurre, le zeste de citron,
le zeste d'orange et les graines de pavot au mélange
de farine. Brasser à l'aide d'une fourchette jusqu'à
ce que la pâte se tienne.

- Avec les mains farinées, façonner la pâte en boule.
Sur une surface de travail légèrement farinée, pétrir
délicatement la pâte dix fois, puis la façonner en un
rectangle de 25 × 18 cm (10 × 7 po). Couper la pâte
en six carrés, puis couper chaque carré en deux
sur la diagonale.

- Disposer les triangles de pâte sur une plaque
de cuisson tapissée de papier parchemin et cuire
au centre du four 18 à 20 min ou jusqu'à ce que
les scones soient dorés. Déposer les scones sur
une grille et laisser refroidir.

PAR PORTION (incluant l'accompagnement)	413 CALORIES	70 g GLUCIDES	14 g PROTÉINES	10 g LIPIDES
		2 FRUITS	1 FÉCULENT	1 LAIT ET SUBSTITUTS	1 GRAS

Muffins ananas et courgettes

par *Alexandra Dumais,* Dt. P., nutritionniste

VÉGÉTARIEN

PRÉPARATION : 15 MIN   CUISSON : 20-25 MIN   PORTIONS : 8

375 ml (1 ½ tasse) de farine de blé entier

5 ml (1 c. à thé) de cannelle

2,5 ml (½ c. à thé) de muscade moulue

5 ml (1 c. à thé) de poudre à pâte

1 pincée de sel

125 ml (½ tasse) de sucre de canne

125 ml (½ tasse) de dattes, hachées

1 œuf moyen

60 ml (¼ tasse) d'huile d'olive

125 ml (½ tasse) de lait 1 %

250 ml (1 tasse) de courgettes non pelées, hachées

170 ml (⅔ tasse) d'ananas frais, en dés

Accompagnez votre muffin de (1 portion)

125 ml (½ tasse) de fromage cheddar allégé*, en dés

125 ml (½ tasse) d'ananas frais, en dés

* moins de 20 % m.g.

- Préchauffer le four à 180 °C (350 °F).

- Dans un grand bol, mélanger d'abord les ingrédients secs. Dans un autre bol, mélanger les ingrédients humides.

- Incorporer les ingrédients secs aux ingrédients humides graduellement, en brassant délicate- ment. Répartir la pâte dans des moules à muffins antiadhésifs.

- Cuire au four environ 20 à 25 min.

PAR PORTION (incluant l'accompagnement)	396 CALORIES	51 g GLUCIDES	23 g PROTÉINES	13 g LIPIDES
	1 FRUIT	1 FÉCULENT	1 VIANDE ET SUBSTITUTS	½ GRAS	½ SUCRE

Muffins dattes, pommes et noix

par *Sabrina D'Amore,* Dt. P., nutritionniste

VÉGÉTARIEN

PRÉPARATION : 15 MIN   CUISSON : 20 MIN   PORTIONS : 12

190 ml (¾ tasse) de farine de blé entier

250 ml (1 tasse) de farine tout usage

250 ml (1 tasse) de son de blé

10 ml (2 c. à thé) de poudre à pâte

5 ml (1 c. à thé) de bicarbonate de soude

5 ml (1 c. à thé) de cannelle moulue

1 gros œuf

60 ml (¼ tasse) de sucre de canne

30 ml (2 c. à soupe) d'huile d'olive

15 ml (1 c. à soupe) d'extrait de vanille

250 ml (1 tasse) de lait écrémé

1 pomme, pelée et râpée

80 ml (⅓ tasse) de dattes, dénoyautées et hachées

80 ml (⅓ tasse) de noix de Grenoble, hachées

Accompagnez votre muffin de (1 portion)

125 ml (½ tasse) de fromage cheddar allégé*, en dés

250 ml (1 tasse) de raisins verts

* moins de 20 % m.g.

- Préchauffer le four à 190 °C (375 °F).

- Dans un grand bol, mélanger les ingrédients secs.

- Dans un autre bol, battre l'œuf avec le sucre et l'huile. Bien mélanger. Ajouter la vanille, le lait, la pomme et les dattes.

- Incorporer les ingrédients secs aux ingrédients humides graduellement, en brassant délicatement.

- Répartir la pâte dans des moules à muffins antiadhésifs. Parsemer les noix de Grenoble sur le dessus des muffins.

- Cuire au four environ 20 min.

PAR PORTION (incluant l'accompagnement)	395 CALORIES	58 g GLUCIDES	23 g PROTÉINES	10 g LIPIDES
		1 FRUIT	2 FÉCULENTS	½ VIANDE ET SUBSTITUTS

Très bonne source de fibres (5 g par portion).

Muffins oméga-bons

par *Laura Plante,* Dt. P., nutritionniste

VÉGÉTARIEN	PRÉPARATION : 10 MIN CUISSON : 25 MIN PORTIONS : 10

250 ml (1 tasse) de farine de blé entier

125 ml (½ tasse) de graines de lin moulues

15 ml (1 c. à soupe) de poudre à pâte

125 ml (½ tasse) de sucre de canne

1 œuf

250 ml (1 tasse) de lait écrémé

60 ml (¼ tasse) de margarine non hydrogénée, fondue

190 ml (¾ tasse) de canneberges fraîches ou congelées

1 banane mûre, en purée

15 ml (1 c. à soupe) de zeste de citron, râpé

125 ml (½ tasse) de noix de Grenoble

Accompagnez votre muffin de (1 portion)

250 ml (1 tasse) de lait écrémé

250 ml (1 tasse) de fraises entières

- Préchauffer le four à 190 °C (375 °F).

- Dans un grand bol, mélanger les ingrédients secs. Dans un autre bol, mélanger l'œuf, le lait et la margarine.

- Incorporer les ingrédients secs aux ingrédients humides graduellement, en brassant délicatement.

- Ajouter les canneberges, la banane, le zeste de citron et les noix.

- Répartir la pâte dans des moules à muffins antiadhésifs.

- Cuire au four environ 25 min.

PAR PORTION (incluant l'accompagnement)	384 CALORIES	57 g GLUCIDES	15 g PROTÉINES	13 g LIPIDES
	1 ½ FRUIT	½ FÉCULENT	1 LAIT ET SUBSTITUTS	1 GRAS	1 SUCRE

Omelette à la grecque

par *Christina Timotheatos*, Dt. P., nutritionniste

ZÉRO DIÈTE ◆

VÉGÉTARIEN, SANS GLUTEN	PRÉPARATION : 10 MIN CUISSON : 8 MIN PORTIONS : 3

6 œufs

100 ml (environ ⅓ tasse) de fromage feta allégé*, émietté

60 ml (¼ tasse) de persil, haché

Sel et poivre au goût

15 ml (1 c. à soupe) d'huile d'olive

1 courgette, en dés

1 échalote grise, hachée finement

1 poivron rouge, en dés

1 gousse d'ail, émincée

* moins de 20 % m.g.

Accompagnez votre omelette de (1 portion)

1 rôtie de pain multigrain (ou pain sans gluten)

250 ml (1 tasse) d'ananas frais, en dés

- Dans un bol, fouetter les œufs. Ajouter la feta et le persil. Saler, poivrer et réserver.
- Dans une poêle, chauffer l'huile à feu moyen-vif. Ajouter la courgette, l'échalote et le poivron. Cuire environ 3 min en remuant fréquemment.
- Ajouter l'ail. Cuire 1 min.
- Verser les œufs sur le mélange en brassant légèrement.
- Cuire à feu moyen en brassant jusqu'à ce que les œufs soient cuits.

PAR PORTION (incluant l'accompagnement)	395 CALORIES	42 g GLUCIDES	18 g PROTÉINES	17 g LIPIDES
		1 LÉGUME	1 FRUIT	1 FÉCULENT	1 VIANDE ET SUBSTITUTS

Omelette aux patates douces

par *Marie-Josée Cabana,* Dt. P., nutritionniste

VÉGÉTARIEN, SANS GLUTEN

PRÉPARATION : 10 MIN   CUISSON : 20 MIN   PORTIONS : 2

4 œufs

60 ml (¼ tasse) de lait écrémé

30 ml (2 c. à soupe) de ciboulette, hachée finement

15 ml (1 c. à soupe) d'huile d'olive

1 patate douce moyenne, pelée, en petits dés

1 échalote grise, hachée finement

Sel et poivre au goût

Accompagnez votre omelette de (1 portion)

2 rôties de pain multigrain (ou pain sans gluten)

- Préchauffer le four à 180 °C (350 °F).

- Dans un bol, fouetter les œufs avec le lait et la ciboulette. Réserver.

- Dans une poêle, chauffer l'huile à feu moyen-vif. Ajouter les patates douces. Réduire le feu à moyen et remuer fréquemment pendant environ 10 min. Incorporer l'échalote. Cuire encore 5 min.

- Ajouter le mélange d'œufs. Saler et poivrer.

- Ne pas retourner l'omelette, terminer simplement la cuisson au four environ 5 à 8 min.

PAR PORTION (incluant l'accompagnement)	410 CALORIES	45 g GLUCIDES	19 g PROTÉINES	18 g LIPIDES
		2 ½ FÉCULENTS	1 VIANDE ET SUBSTITUTS	½ GRAS

Omelette aux tomates et au fromage de chèvre

par *Marie-Josée Cabana,* Dt. P., nutritionniste

VÉGÉTARIEN, SANS GLUTEN   PRÉPARATION : 5 MIN   CUISSON : 15 MIN   PORTION : 1

2 œufs

60 ml (¼ tasse) de lait écrémé

½ tomate moyenne

5 ml (1 c. à thé) d'huile d'olive

30 g (1 oz) de fromage de chèvre allégé*

5 feuilles de basilic, hachées

Sel et poivre au goût

* moins de 20 % m.g.

**Accompagnez votre omelette
de (1 portion)**

125 ml (½ tasse) de jus d'orange

1 rôtie de pain multigrain
(ou pain sans gluten)

- Préchauffer le four à 180 °C (350 °F).
- Dans un bol, fouetter les œufs avec le lait.
- Couper la demi-tomate en cubes. Avec les pouces, retirer le jus et les graines.
- Dans une poêle antiadhésive, verser l'huile d'olive. Lorsque la poêle est chaude, ajouter le mélange d'œufs et y parsemer le fromage de chèvre, les cubes de tomate et le basilic. Saler et poivrer. Cuire environ 2 min à feu moyen.
- Ne pas retourner l'omelette, terminer simplement la cuisson au four environ 10 min.

PAR PORTION (incluant l'accompagnement)	408 CALORIES	32 g GLUCIDES	23 g PROTÉINES	21 g LIPIDES
		1 FRUIT	1 FÉCULENT	1 VIANDE ET SUBSTITUTS	1 GRAS

Panier déjeuner

par *Jessica Marchand,* Dt. P., nutritionniste

SANS GLUTEN　　　　PRÉPARATION : 10 MIN　CUISSON : 20 MIN　PORTIONS : 8

8 tranches de jambon cuit non traité,
　　faible en gras

8 œufs

1 poivron, en dés

4 champignons, en dés

½ oignon, haché

200 g (7 oz) de fromage allégé*, râpé

* moins de 20 % m.g.

**Accompagnez votre panier déjeuner
　de (1 portion)**

2 tranches de pain à grains entiers
　　(ou pain sans gluten)

½ pamplemousse rose

- Préchauffer le four à 200 °C (400 °F).
- Placer les tranches de jambon dans des moules à muffins ou dans des ramequins pour former de petits paniers.
- Casser un œuf par petit panier et disposer les légumes et le fromage sur le dessus. Si vous utilisez une préparation d'œufs, mélanger tous les ingrédients et répartir dans les paniers.
- Cuire au four 20 min.

PAR PORTION (incluant l'accompagnement)	380 CALORIES	47 g GLUCIDES	24 g PROTÉINES	12 g LIPIDES
		1 FRUIT	2 FÉCULENTS	1 VIANDE ET SUBSTITUTS

Pain doré surprise

par *Myriam Lachance,* Dt. P., nutritionniste

| VÉGÉTARIEN | PRÉPARATION : 5 MIN | CUISSON : 5 MIN | PORTION : 1 | |

125 ml (½ tasse) de blancs d'œufs liquides pasteurisés

30 ml (2 c. à soupe) de lait 1 %

5 ml (1 c. à thé) d'extrait de vanille

2 tranches de pain à grains entiers

60 ml (¼ tasse) de yogourt grec à la vanille 0 %

100 ml (environ ⅓ tasse) de framboises fraîches

100 ml (environ ⅓ tasse) de mangue, en dés

15 ml (1 c. à soupe) d'amandes effilées

- Dans un grand bol, battre les blancs d'œufs, le lait et la vanille.
- Faire tremper le pain dans le mélange et cuire dans un poêlon antiadhésif jusqu'à cuisson complète des deux côtés.
- Garnir avec le yogourt, les framboises, la mangue et les amandes.

PAR PORTION	422 CALORIES	59 g GLUCIDES	28 g PROTÉINES	9 g LIPIDES
	1 FRUIT	2 FÉCULENTS	1 VIANDE ET SUBSTITUTS	½ GRAS

Pochette aux bananes et au beurre d'arachide

par *Marie-Ève Labrecque-Tremblay,* Dt. P., nutritionniste

| VÉGÉTARIEN | PRÉPARATION : 5 MIN | PORTION : 1 | |

1 banane, écrasée

5 ml (1 c. à thé) de graines de citrouille

5 ml (1 c. à thé) de graines de lin moulues

30 ml (2 c. à soupe) de beurre d'arachide naturel

1 pain pita de grains entiers de 10 po

- Dans un bol, mélanger la banane, les graines de citrouille, les graines de lin et le beurre d'arachide.
- Couper le pain pita en deux et ouvrir les moitiés en prenant soin de ne pas les déchirer. Répartir la préparation dans chacune.

PAR PORTION	430 CALORIES	50 g GLUCIDES	15 g PROTÉINES	21 g LIPIDES
	1 FRUIT	1 FÉCULENT	½ VIANDE ET SUBSTITUTS	2 GRAS

Pain banane-chocolat décadent

par *Marie Rached*, Dt. P., M. Sc., nutritionniste

VÉGÉTARIEN

PRÉPARATION : 15 MIN   CUISSON : 40-45 MIN   PORTIONS : 12

250 ml (1 tasse) de farine tout usage

250 ml (1 tasse) de farine de blé entier

10 ml (2 c. à thé) de poudre à pâte

2,5 ml (½ c. à thé) de bicarbonate de soude

2,5 ml (½ c. à thé) de cannelle moulue

1 pincée de sel

2 gros œufs

5 ml (1 c. à thé) d'extrait de vanille

60 ml (¼ tasse) de sucre de canne

125 ml (½ tasse) d'huile de canola

3 bananes moyennes bien mûres, écrasées

125 ml (½ tasse) de chocolat noir à 70 %, en morceaux

Accompagnez votre tranche de pain de (1 portion)

125 ml (½ tasse) de yogourt grec à la vanille 0 %

125 ml (½ tasse) de bleuets frais

- Préchauffer le four à 180 °C (350 °F).

- Dans un bol, mélanger les farines, la poudre à pâte, le bicarbonate de soude, la cannelle et le sel.

- Dans un autre bol, à l'aide d'un mélangeur électrique, battre les œufs, la vanille et le sucre.

- Ajouter l'huile et brasser pour obtenir une préparation homogène.

- Incorporer graduellement les bananes écrasées puis les ingrédients secs tout en brassant jusqu'à l'obtention d'une pâte assez épaisse et consistante.

- Ajouter les morceaux de chocolat et mélanger avec une cuillère.

- Verser dans un moule antiadhésif.

- Cuire au four environ 40 à 45 min.

- Laisser refroidir le pain dans son moule environ 15 à 20 minutes avant de le démouler.

PAR PORTION (incluant l'accompagnement)	397 CALORIES	55 g GLUCIDES	15 g PROTÉINES	14 g LIPIDES
		1 FRUIT	1 FÉCULENT	1 LAIT ET SUBSTITUTS	1 SUCRE

Dîners

Pizza au pesto et au saumon fumé

par *Cécile Daleau,* Dt. P., nutritionniste

PRÉPARATION : 10 MIN   CUISSON : 8-10 MIN   PORTIONS : 2

30 ml (2 c. à soupe) de pesto au basilic

1 pain pita de blé entier de 7 po, séparé
   en deux

60 g (2 oz) de fromage emmenthal
   allégé*, râpé

2 petites tomates, en tranches fines

120 g (4 oz) de saumon fumé,
   en morceaux

10 feuilles de basilic

Poivre au goût

* moins de 20 % m.g.

Salade

500 ml (2 tasses) de bébés épinards

15 ml (1 c. à soupe) de jus d'orange

5 ml (1 c. à thé) de moutarde de Dijon

5 ml (1 c. à thé) de miel

10 ml (2 c. à thé) de vinaigre balsamique

30 ml (2 c. à soupe) de ciboulette fraîche,
   ciselée

- Préchauffer le four à 200 °C (400 °F).
- Étendre le pesto sur les deux moitiés de pain pita.
- Ajouter le fromage puis les tomates.
- Cuire au four 8 à 10 min.
- Pendant ce temps, préparer la salade d'accompagnement en mélangeant tous les ingrédients.
- Avant de servir, ajouter le saumon fumé et les feuilles de basilic sur les pizzas, puis poivrer.

PAR PORTION	402 CALORIES	30 g GLUCIDES	25 g PROTÉINES	22 g LIPIDES
	2 LÉGUMES	1 FÉCULENT	1 VIANDE ET SUBSTITUTS	1 GRAS

Couscous sucré-salé à la courge

par *Anna Maria Cataldo,* Dt. P., nutritionniste

VÉGÉTARIEN	PRÉPARATION : 15 MIN CUISSON : 40 MIN PORTIONS : 4

250 g (2 tasses) de courge musquée, pelée, en dés

15 ml (1 c. à soupe) d'huile d'olive

Sel et poivre au goût

5 ml (1 c. à thé) de romarin frais

2 gousses d'ail

1 courgette, en dés

250 ml (1 tasse) de bouillon de légumes à teneur réduite en sodium

250 ml (1 tasse) de semoule de blé (couscous)

30 ml (2 c. à soupe) d'huile d'olive

15 ml (1 c. à soupe) de vinaigre balsamique

30 ml (2 c. à soupe) de persil frais, haché finement

50 g (2 oz) d'abricots séchés, en dés

2 oignons verts, hachés finement

180 g (6 oz) de fromage feta allégé*, émietté

* moins de 20 % m.g.

- Préchauffer le four à 200 °C (400 °F).
- Sur une plaque de cuisson, disposer les dés de courge musquée et ajouter l'huile, le sel, le poivre et le romarin. Cuire 25 min.
- Écraser les gousses d'ail avec le plat d'un couteau. Ajouter la courgette et l'ail à la courge. Bien mélanger et poursuivre la cuisson 15 min.
- Pendant ce temps, dans une casserole, porter le bouillon de légumes à ébullition, y verser la semoule de blé, couvrir puis retirer la casserole du feu. Réserver.
- Dans un petit bol, fouetter l'huile, le vinaigre et le persil. Réserver.
- Lorsque la courge et la courgette sont prêtes, mélanger avec la semoule de blé, les abricots et les oignons verts.
- Arroser de vinaigrette. Bien mélanger.
- Saupoudrer le fromage feta sur votre couscous avant de servir. Il peut être servi tiède ou froid.

PAR PORTION	477 CALORIES	55 g GLUCIDES	17 g PROTÉINES	19 g LIPIDES
	1 LÉGUME	½ FRUIT	2 FÉCULENTS	½ VIANDE ET SUBSTITUTS	1 GRAS

Frittata au saumon, au fromage et aux asperges

par *Jessica Marchand,* Dt. P., nutritionniste

SANS GLUTEN	PRÉPARATION : 15 MIN	CUISSON : 35 MIN	PORTIONS : 4

1 oignon jaune moyen, haché

250 ml (1 tasse) d'asperges, en tronçons

125 ml (½ tasse) de champignons, en dés

15 ml (1 c. à soupe) d'huile d'olive

200 g (7 oz) de saumon frais, en petits dés

125 ml (½ tasse) de fromage ricotta allégé*

2 œufs

60 ml (¼ tasse) de fromage parmesan allégé*, râpé

Zeste d'un citron, râpé

15 ml (1 c. à soupe) de ciboulette fraîche, hachée finement

2,5 ml (½ c. à thé) de thym séché

Sel et poivre au goût

* moins de 20 % m.g.

Accompagnez votre frittata de (1 portion)

8 carottes miniatures

5 bâtonnets de céleri

2 rôties de pain de blé entier (ou pain sans gluten)

- Préchauffer le four à 180 °C (350 °F).
- Dans une poêle, faire revenir l'oignon, les asperges et les champignons dans l'huile 5 min.
- Pendant ce temps, dans un bol, mélanger le saumon, la ricotta, les œufs, le parmesan, le zeste de citron, la ciboulette et le thym et ajouter les légumes cuits. Saler, poivrer.
- Verser la préparation dans 8 moules à muffins et cuire environ 30 min.

PAR PORTION (incluant l'accompagnement)	415 CALORIES	45 g GLUCIDES	28 g PROTÉINES	15 g LIPIDES
	2 LÉGUMES	2 FÉCULENTS	1 VIANDE ET SUBSTITUTS	1 GRAS

Rouleaux de printemps savoureux et frais

par *Jessica Marchand,* Dt. P., nutritionniste

| SANS GLUTEN | PRÉPARATION : 20 MIN   CUISSON : 5 MIN   PORTIONS : 4 | |

- 100 g (4 oz ou ½ paquet) de vermicelles de riz
- 8 feuilles de riz
- 1 mangue, en lanières
- 8 branches de coriandre fraîche, hachées finement
- 1 petit concombre, en julienne
- 1 oignon vert, effiloché
- 1 carotte moyenne, râpée
- 200 g (7 oz) de poitrines de poulet, cuites et refroidies, en fines tranches
- 8 bâtonnets de goberge, coupés en deux sur le sens de la longueur
- 4 feuilles de laitue frisée, déchirées
- 1 avocat, en fines lanières
- 15 ml (1 c. à soupe) de graines de sésame
- 125 ml (½ tasse) de sauce nuoc-mâm (sauce à rouleaux de printemps)

- Dans une petite casserole, faire bouillir de l'eau et cuire les vermicelles de riz selon les indications sur l'emballage. Égoutter et réserver.
- Dans un grand bol d'eau très chaude, tremper rapidement une feuille de riz. Déposer sur un plan de travail.
- Garnir la feuille de riz avec un peu de vermicelle et ⅛ des ingrédients, puis saupoudrer de graines de sésame. Rouler fermement la feuille pour bien emprisonner la garniture. Déposer sur un linge humide.
- Répéter pour les sept autres rouleaux.
- Couvrir d'un linge humide et placer au réfrigérateur quelques minutes avant de déguster.
- Servir avec la sauce nuoc-mâm.

PAR PORTION (2 rouleaux)	439 CALORIES	63 g GLUCIDES	28 g PROTÉINES	9 g LIPIDES
	½ LÉGUME	½ FRUIT	2 FÉCULENTS	1 VIANDE ET SUBSTITUTS	1 GRAS

Teneur élevée en niacine, vitamines B$_6$ et C, et teneur très élevée en vitamine A.

Roulé original au végé-pâté

par *Marie-Josée Cabana*, Dt. P., nutritionniste

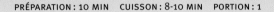

| VÉGÉTARIEN | PRÉPARATION : 10 MIN | CUISSON : 8-10 MIN | PORTION : 1 |

57 g (2 oz) de végé-pâté

5 ml (1 c. à thé) de mayonnaise allégée

5 ml (1 c. à thé) de yogourt nature 0 %

1 tortilla de blé entier de 7 po

30 g (1 oz) de fromage cheddar allégé*, râpé

8 feuilles d'épinards frais

60 ml (¼ tasse) de chou rouge, haché

45 ml (3 c. à soupe) de carottes, râpées

* moins de 20 % m.g.

**Accompagnez votre roulé
de (1 portion)**

½ poivron vert

½ concombre

- Préchauffer le four à 180 °C (350 °F).

- Trancher le végé-pâté en 2 morceaux et faire griller au four environ 8 à 10 min pour une texture croustillante.

- Mélanger la mayonnaise et le yogourt nature ; étendre sur la tortilla. Ajouter le fromage cheddar, les épinards, le chou rouge, les carottes et le végé-pâté. Rouler la tortilla.

PAR PORTION (incluant l'accompagnement)	409 CALORIES	45 g GLUCIDES	21 g PROTÉINES	19 g LIPIDES
	3 LÉGUMES	2 FÉCULENTS	1 VIANDE ET SUBSTITUTS	½ GRAS

Salade d'avocat, mangue et haricots noirs

par *Anna Maria Cataldo,* Dt. P., nutritionniste

VÉGÉTARIEN, SANS GLUTEN   PRÉPARATION : 15 MIN   PORTIONS : 4

Vinaigrette

45 ml (3 c. à soupe) d'huile d'olive

30 ml (2 c. à soupe) de vinaigre balsamique

1 gousse d'ail, hachée finement

5 ml (1 c. à thé) de moutarde de Dijon

Jus d'une lime

Sel et poivre au goût

Salade

250 ml (1 tasse) de haricots noirs en conserve, égouttés et rincés

250 ml (1 tasse) de maïs frais ou décongelé

250 ml (1 tasse) de mangue, en dés

250 ml (1 tasse) de poivron rouge, en dés

250 ml (1 tasse) d'avocat, en dés

60 ml (¼ tasse) d'oignon vert, haché

125 ml (½ tasse) de coriandre fraîche, hachée finement

Accompagnez votre salade de (1 portion)

1 tortilla de blé entier (ou tortilla sans gluten) de 7 po, grillée

- Dans un bol, fouetter tous les ingrédients de la vinaigrette.

- Dans un saladier, combiner tous les ingrédients de la salade. Ajouter la vinaigrette.

PAR PORTION (incluant l'accompagnement)	414 CALORIES	54 g GLUCIDES	11 g PROTÉINES	20 g LIPIDES
	1 LÉGUME	½ FRUIT	2 FÉCULENTS	½ VIANDE ET SUBSTITUTS	1 GRAS

Teneur très élevée en vitamine C et teneur élevée en fibres.

Salade de couscous avec vinaigrette à l'érable

par *Prisca Barré,* Dt. P., nutritionniste

VÉGÉTARIEN	PRÉPARATION : 15 MIN PORTIONS : 4	

Vinaigrette

15 ml (1 c. à soupe) de moutarde de Dijon

30 ml (2 c. à soupe) de vinaigre de vin

30 ml (2 c. à soupe) d'huile d'olive

30 ml (2 c. à soupe) de sirop d'érable

Salade

500 ml (2 tasses) de semoule de blé
(couscous), cuite et refroidie

60 ml (¼ tasse) de menthe, hachée

60 ml (¼ tasse) de ciboulette, hachée

120 g (4 oz) de fromage feta allégé*,
émietté

375 ml (1 ½ tasse) de pois chiches,
égouttés et rincés

16 tomates cerises, coupées en quatre

½ oignon rouge, haché finement

Sel et poivre au goût

* moins de 20 % m.g.

Accompagnez votre salade de (1 portion)

125 ml (½ tasse) de concombre, pelé

- Fouetter tous les ingrédients de la vinaigrette.

- Dans un grand bol, combiner la semoule,
  la menthe et la ciboulette, le fromage, les pois chiches,
  les tomates et l'oignon rouge. Saler et poivrer.

- Ajouter la vinaigrette au mélange.

PAR PORTION (incluant l'accompagnement)	397 CALORIES	54 g GLUCIDES	14 g PROTÉINES	14 g LIPIDES
	1 LÉGUME	2 FÉCULENTS	½ VIANDE ET SUBSTITUTS	1 GRAS

½ SUCRE

Salade asiatique de quinoa et edamames

par *Nancy Lee,* Dt. P., nutritionniste

VÉGÉTARIEN, SANS GLUTEN
(SI UTILISATION DE SAUCE SOYA SANS GLUTEN)

PRÉPARATION : 15 MIN   CUISSON : 25 MIN   PORTIONS : 2

Vinaigrette

Jus d'une lime

30 ml (2 c. à soupe) de vinaigre de riz

5 ml (1 c. à thé) de miel

10 ml (2 c. à thé) de sauce soya à teneur réduite en sodium

15 ml (1 c. à soupe) de jus d'orange

Sel et poivre au goût

Salade

250 ml (1 tasse) de quinoa, cuit

125 ml (½ tasse) de maïs en grains

30 ml (2 c. à soupe) d'oignon rouge, haché finement

1 poivron rouge, en dés

2 branches de céleri, hachées finement

125 ml (½ tasse) d'edamames (fèves de soya), bouillis

125 ml (½ tasse) de fromage feta allégé*

½ gousse d'ail, pressée

5 branches de coriandre fraîche, hachées

60 ml (¼ tasse) d'arachides rôties non salées

* moins de 20 % m.g.

- Dans un petit bol, fouetter les ingrédients de la vinaigrette.

- Dans un grand saladier, combiner tous les ingrédients de la salade. Incorporer la vinaigrette et bien mélanger.

PAR PORTION	421 CALORIES	48 g GLUCIDES	18 g PROTÉINES	18 g LIPIDES
	2 LÉGUMES	1 ½ FÉCULENT	1 VIANDE ET SUBSTITUTS	1 GRAS

Salade de couscous, lentilles et abricots

par *Maggie Vallières,* Dt. P., M. Sc., nutritionniste

VÉGÉTARIEN

PRÉPARATION : 15 MIN   CUISSON : 10 MIN
RÉFRIGÉRATION : 1 H   PORTIONS : 4

190 ml (¾ tasse) de semoule de blé (couscous)

125 ml (½ tasse) d'abricots séchés, hachés

190 ml (¾ tasse) de lentilles vertes en conserve, rincées et égouttées

½ concombre non pelé, en dés

1 tomate, en dés

1 carotte, râpée

¼ d'oignon rouge, haché finement

30 ml (2 c. à soupe) de persil frais, haché ou 10 ml (2 c. à thé) de persil séché

125 ml (½ tasse) de graines de tournesol non salées

Jus d'un citron

30 ml (2 c. à soupe) d'huile d'olive

Sel et poivre au goût

- Cuire la semoule en suivant les indications sur l'emballage.

- Faire tremper les abricots séchés 1 à 2 min dans de l'eau bouillante afin de les réhydrater. Les égoutter et les hacher finement.

- Dans un grand bol, mélanger tous les ingrédients. Saler et poivrer.

- Réfrigérer 1 h avant de servir.

PAR PORTION	394 CALORIES	55 g GLUCIDES	11 g PROTÉINES	16 g LIPIDES
		1 LÉGUME	½ FRUIT	1 ½ FÉCULENT	2 GRAS

Salade de légumineuses à la mexicaine

par *Marie-Ève Morin,* Dt. P., nutritionniste

VÉGÉTARIEN, SANS GLUTEN	PRÉPARATION : 15 MIN	PORTIONS : 4	

Vinaigrette

30 ml (2 c. à soupe) d'huile d'olive

2,5 ml (½ c. à thé) de piment d'Espelette ou de chili en poudre

Jus d'une lime

Sel et poivre au goût

Salade

375 ml (1 ½ tasse) de haricots noirs en conserve, égouttés

125 ml (½ tasse) de maïs en grains congelé, bouilli

1 avocat, en dés

1 poivron rouge, en dés

1 branche de céleri, tranchée

250 ml (1 tasse) de tomates cerises, coupées en deux

100 ml (environ ⅓ tasse) de coriandre fraîche, hachée

1 l (4 tasses) de bébés épinards

Accompagnez votre salade de (1 portion)

½ pain pita de blé entier (ou pain pita sans gluten) de 7 po, grillé

- Dans un petit bol, fouetter les ingrédients de la vinaigrette.
- Dans un grand saladier, combiner les haricots, le maïs, l'avocat, le poivron, le céleri, les tomates cerises, la coriandre et les épinards. Incorporer la vinaigrette et bien mélanger.

PAR PORTION (incluant l'accompagnement)	373 CALORIES	53 g GLUCIDES	14 g PROTÉINES	15 g LIPIDES
	2 LÉGUMES	2 FÉCULENTS	½ VIANDE ET SUBSTITUTS	1 GRAS

Salade de lentilles aux pommes vertes et au chou rouge

par *Marie-Pier Tremblay-Gaudin,* Dt. P., nutritionniste

VÉGÉTARIEN, SANS GLUTEN PRÉPARATION : 15 MIN   RÉFRIGÉRATION : 15 MIN   PORTIONS : 2

Vinaigrette

15 ml (1 c. à soupe) d'huile d'olive

15 ml (1 c. à soupe) de vinaigre de cidre

15 ml (1 c. à soupe) de miel

Sel et poivre au goût

Salade

250 ml (1 tasse) de lentilles en conserve, rincées

1 pomme verte, en tranches

250 ml (1 tasse) de chou rouge, émincé

½ oignon rouge moyen, en tranches fines

10 champignons, tranchés

250 ml (1 tasse) de bébés épinards

60 g (2 oz) de fromage feta allégé*, émietté

* moins de 20 % m.g.

- Fouetter tous les ingrédients de la vinaigrette.
- Dans un grand bol, combiner les lentilles, la pomme, le chou, l'oignon, les champignons, les épinards et le fromage.
- Ajouter la vinaigrette au mélange.
- Laisser reposer au réfrigérateur environ 15 min.

PAR PORTION	397 CALORIES	60 g GLUCIDES	18 g PROTÉINES	14 g LIPIDES

2 LÉGUMES	½ FRUIT	1 FÉCULENT	1 VIANDE ET SUBSTITUTS	½ GRAS	½ SUCRE

Salade de mangue, feta et amandes

par *Nasser Yassine,* Dt. P., nutritionniste

VÉGÉTARIEN, SANS GLUTEN PRÉPARATION : 10 MIN PORTIONS : 2

Vinaigrette

Jus de 2 limes

15 ml (1 c. à soupe) d'huile d'olive

15 ml (1 c. à soupe) de persil frais

5 ml (1 c. à thé) de flocons de piment fort
(facultatif)

Sel et poivre au goût

Salade

1 mangue fraîche, en dés

1 poivron rouge, en dés

½ avocat, en dés

125 ml (½ tasse) d'oignon rouge, haché
finement

30 g (1 oz) de fromage feta allégé*

1 litre (4 tasses) d'épinards frais

30 ml (2 c. à soupe) d'amandes tranchées

* moins de 20 % m.g.

**Accompagnez votre salade
de (1 portion)**

½ tortilla de blé entier (ou tortilla sans
gluten) de 7 po

- Dans un petit bol, fouetter tous les ingrédients
  de la vinaigrette.

- Dans un grand saladier, combiner la mangue,
  le poivron, l'avocat, l'oignon, le fromage, les épinards
  et les amandes.

- Incorporer la vinaigrette et bien mélanger.

PAR PORTION (incluant l'accompagnement)	405 CALORIES	48 g GLUCIDES	11 g PROTÉINES	22 g LIPIDES
	3 LÉGUMES	1 FRUIT	1 FÉCULENT	½ VIANDE ET SUBSTITUTS	1 ½ GRAS

Salade de canard confit avec vinaigrette aux framboises

par *Anne-Marie Pelletier,* Dt. P., nutritionniste

SANS GLUTEN

PRÉPARATION : 15 MIN   PORTIONS : 2
CUISSON : 30 SEC au micro-ondes ou 15 MIN au four conventionnel

Vinaigrette

125 ml (½ tasse) de framboises fraîches ou congelées

10 ml (2 c. à thé) de ciboulette fraîche, hachée

10 ml (2 c. à thé) de persil frais, haché

2,5 ml (½ c. à thé) d'origan séché

¼ d'oignon, haché finement

1 jaune d'œuf

10 ml (2 c. à thé) de moutarde de Dijon

10 ml (2 c. à thé) de graines de pavot

20 ml (4 c. à thé) de vinaigre de framboise

Poivre au goût

60 ml (¼ tasse) d'huile de pépins de raisins (ou huile d'olive)

Salade

500 ml (2 tasses) de salade mesclun

250 ml (1 tasse) d'épinards, équeutés

125 ml (½ tasse) de canneberges séchées

1 pomme verte, en dés

1 cuisse de canard confit, effilochée

- Dans un robot culinaire, mélanger tous les ingrédients de la vinaigrette, à l'exception de l'huile, jusqu'à consistance homogène.

- Ajouter l'huile en filet tout en continuant de mélanger.

- Dans un saladier, mélanger tous les ingrédients de la salade, sauf le canard.

- Chauffer le canard confit au micro-ondes pendant 30 sec ou au four pendant 15 min à 200 °C (400 °F).

- Séparer en deux portions égales la salade et le canard. Déposer le canard confit sur le mélange de salade et y ajouter 2 c. à soupe (30 ml) de vinaigrette aux framboises par portion.

PAR PORTION	408 CALORIES	44 g GLUCIDES	15 g PROTÉINES	16 g LIPIDES
	3 LÉGUMES	1 FRUIT	1 VIANDE ET SUBSTITUTS	1 GRAS

Salade du chef

par *Claudia Pitre,* Dt. P., nutritionniste

PRÉPARATION : 10 MIN   PORTIONS : 2

Vinaigrette

5 ml (1 c. à thé) de sucre

25 ml (5 c. à thé) d'huile d'olive

1,25 ml (¼ c. à thé) de paprika

1,25 ml (¼ c. à thé) de moutarde de Dijon

10 ml (2 c. à thé) de vinaigre blanc

5 ml (1 c. à thé) de miel

½ gousse d'ail, pressée

Poivre au goût

Salade

1 l (4 tasses) d'épinards frais

1 oignon rouge, en fines tranches

250 ml (1 tasse) de champignons frais, tranchés

4 tranches de jambon faible en gras, en fines lanières

2 œufs, cuits dur, tranchés

120 ml (½ tasse) de fromage mozzarella allégé*, râpé

125 ml (½ tasse) de croûtons maison

* moins de 20 % m.g.

- Dans un petit bol, fouetter tous les ingrédients de la vinaigrette.

- Dans un grand saladier, combiner les épinards, l'oignon, les champignons, le jambon, les œufs, le fromage et les croûtons. Incorporer la vinaigrette et bien mélanger.

PAR PORTION	425 CALORIES	26 g GLUCIDES	29 g PROTÉINES	24 g LIPIDES	
	2 LÉGUMES	¼ FÉCULENT	1 ½ VIANDE ET SUBSTITUTS	1 GRAS	½ SUCRE

Teneur très élevée en fibres, manganèse, potassium, riboflavine et vitamines A, B_6 et C.

Salade de pommes de terre réinventée

par *Marie-Ève Labrecque-Tremblay,* Dt. P., nutritionniste

VÉGÉTARIEN, SANS GLUTEN   PRÉPARATION : 20 MIN   PORTIONS : 4

Vinaigrette

10 ml (2 c. à thé) de moutarde de Meaux

10 ml (2 c. à thé) de moutarde de Dijon

30 ml (2 c. à soupe) de mayonnaise allégée

30 ml (2 c. à soupe) d'huile d'olive

5 ml (1 c. à thé) de poudre de cari

30 ml (2 c. à soupe) d'aneth frais, haché

Sel et poivre au goût

Salade

4 petites pommes de terre non pelées,
cuites, en dés

4 œufs, cuits dur, tranchés grossièrement

250 ml (1 tasse) de bébés épinards frais,
émincés

2 tomates moyennes, en dés

½ concombre anglais, en dés

2 oignons verts, hachés finement

Accompagnez votre salade de (1 portion)

1 rôtie de pain multigrain
(ou pain sans gluten)

- Dans un petit bol, fouetter tous les ingrédients de la vinaigrette.
- Dans un grand saladier, combiner les pommes de terre, les œufs, les épinards, les tomates, le concombre et les oignons. Incorporer la vinaigrette et bien mélanger.

PAR PORTION (incluant l'accompagnement)	374 CALORIES	46 g GLUCIDES	13 g PROTÉINES	16 g LIPIDES
		1 LÉGUME	2 FÉCULENTS	½ VIANDE ET SUBSTITUTS	1 GRAS

Teneur élevée en fibres, phosphore, potassium, sélénium, vitamines A et B$_6$, et teneur très élevée en vitamine C.

Tartines de tomates et bocconcini avec salade d'épinards et fraises

par *Anna Maria Cataldo,* Dt. P., nutritionniste

VÉGÉTARIEN   PRÉPARATION : 15 MIN   PORTIONS : 2

Salade

15 ml (1 c. à soupe) d'huile d'olive

7,5 ml (½ c. à soupe) de vinaigre
   de vin rouge

15 ml (1 c. à soupe) de miel

500 ml (2 tasses) de bébés épinards

125 ml (½ tasse) de fraises, tranchées

15 amandes, hachées

2,5 ml (½ c. à thé) de graines de sésame

2,5 ml (½ c. à thé) de graines de pavot

Tartines

15 cm (6 po) de baguette de blé, tranchée
   en deux sur la longueur, grillée

100 g (4 oz ou 2 boules) de fromage
   bocconcini allégé*, tranché

1 tomate moyenne, tranchée

8 feuilles de basilic frais

Sel et poivre au goût

* moins de 20 % m.g.

- Dans un petit bol, fouetter l'huile, le vinaigre
  et le miel pour faire la vinaigrette.

- Dans un saladier, combiner les épinards, les fraises,
  les amandes, les graines de sésame et les graines
  de pavot, et mélanger avec la vinaigrette.

- Griller la baguette, puis ajouter les tranches
  de fromage, les tranches de tomate et terminer
  avec les feuilles de basilic. Saler et poivrer.

PAR PORTION	406 CALORIES	37 g GLUCIDES	21 g PROTÉINES	22 g LIPIDES	
1 ½ LÉGUME	¼ FRUIT	1 FÉCULENT	1 VIANDE ET SUBSTITUTS	1 GRAS	½ SUCRE

Salade de poulet, céleri-rave et pommes au cari

par *Audrey-Anne Leduc,* Dt. P., nutritionniste

SANS GLUTEN   PRÉPARATION : 20 MIN   PORTIONS : 2

Vinaigrette

30 ml (2 c. à soupe) de mayonnaise allégée

2,5 ml (½ c. à thé) de poudre de cari

7,5 ml (½ c. à soupe) de jus de citron

10 ml (2 c. à thé) de moutarde de Dijon

Sel et poivre au goût

Salade

375 ml (1 ½ tasse) de céleri-rave, râpé

1 pomme verte non pelée, râpée

30 ml (2 c. à soupe) de persil, haché finement

30 ml (2 c. à soupe) de canneberges séchées

1 poitrine de poulet (environ 250 g ou 9 oz), désossée, sans la peau, cuite et émincée

Accompagnez votre salade de (1 portion)

½ pain pita de blé entier (ou pain pita sans gluten) de 7 po, grillé

- Dans un petit bol, mélanger les ingrédients de la vinaigrette.

- Dans un saladier, combiner le céleri-rave, la pomme, le persil, les canneberges et le poulet.

- Incorporer la vinaigrette et bien mélanger.

PAR PORTION (incluant l'accompagnement)	395 CALORIES	44 g GLUCIDES	34 g PROTÉINES	9 g LIPIDES
	1 ½ LÉGUME	½ FRUIT	1 FÉCULENT	1 ½ VIANDE ET SUBSTITUTS	½ GRAS

Salade exotique au poulet et aux ananas

par *Christina Timotheatos*, Dt. P., nutritionniste

SANS GLUTEN

PRÉPARATION : 15 MIN   CUISSON : 30 MIN
RÉFRIGÉRATION : 30 MIN   PORTIONS : 4

- 250 ml (1 tasse) d'eau
- 250 ml (1 tasse) de bouillon de poulet à teneur réduite en sodium
- 250 ml (1 tasse) de riz basmati
- 2 poitrines de poulet, cuites, en dés
- 15 ml (1 c. à soupe) d'huile d'olive
- 2 oignons verts, émincés
- 1 poivron rouge, en dés
- 1 poivron vert, en dés
- 250 ml (1 tasse) d'ananas frais ou en boîte, en dés
- ½ concombre anglais, en dés
- 10 feuilles de basilic, hachées finement

Vinaigrette

- 30 ml (2 c. à soupe) d'huile d'olive
- 30 ml (2 c. à soupe) de moutarde de Dijon
- 15 ml (1 c. à soupe) de vinaigre de vin rouge
- 15 ml (1 c. à soupe) de miel

- Dans une casserole, porter à ébullition l'eau et le bouillon de poulet. Ajouter le riz. Cuire environ 30 min. Réserver.

- Dans une poêle, cuire les poitrines de poulet dans l'huile. Réserver.

- Dans un grand bol, combiner les oignons, les poivrons, l'ananas, le concombre et le basilic.

- Mélanger tous les ingrédients de la vinaigrette. Lorsque le riz et le poulet ont refroidi, incorporer au reste des ingrédients avec la vinaigrette.

- Laisser reposer au réfrigérateur environ 30 min.

PAR PORTION	456 CALORIES	55 g GLUCIDES	29 g PROTÉINES	13 g LIPIDES
	1 LÉGUME	¼ FRUIT	2 FÉCULENTS	1 VIANDE ET SUBSTITUTS	1 GRAS

Salade jardinière aux œufs

par *Marie-Ann Sallaleh,* Dt. P., nutritionniste

| VÉGÉTARIEN, SANS GLUTEN | PRÉPARATION : 20 MIN | CUISSON : 8 MIN | PORTIONS : 4 |

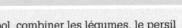

125 ml (½ tasse) d'oignon jaune, haché finement

2 tomates, en dés

1 poivron vert, en dés

500 ml (2 tasses) d'épinards frais

125 ml (½ tasse) de persil, haché

1,25 ml (¼ c. à thé) de piment de Cayenne

6 œufs, cuits dur

Vinaigrette

15 ml (1 c. à soupe) d'huile d'olive

15 ml (1 c. à soupe) de mayonnaise allégée

15 ml (1 c. à soupe) de moutarde de Dijon

Sel et poivre au goût

Accompagnez votre salade de (1 portion)

1 tortilla de blé entier (ou tortilla sans gluten) de 7 po, grillée au four

30 g (1 oz) de fromage cheddar allégé*

125 ml (½ tasse) de compote de fruits sans sucre ajouté

* moins de 20 % m.g.

- Dans un grand bol, combiner les légumes, le persil et le piment de Cayenne.
- Dans un petit bol, mélanger l'huile, la mayonnaise, la moutarde, le sel et le poivre.
- Écailler les œufs, les couper en petits morceaux et les ajouter à la salade.
- Incorporer la vinaigrette et bien mélanger.

PAR PORTION (incluant l'accompagnement)	395 CALORIES	32 g GLUCIDES	23 g PROTÉINES	20 g LIPIDES
	2 LÉGUMES	1 FRUIT / 1 FÉCULENT	1 VIANDE ET SUBSTITUTS	1 GRAS

Salade froide de pâtes à la feta et aux légumes grillés

par *Julie Taillefer,* Dt. P., nutritionniste

VÉGÉTARIEN

PRÉPARATION : 15 MIN   CUISSON : 30 MIN
RÉFRIGÉRATION : 30 MIN   PORTIONS : 6

1 poivron rouge, en lanières

½ aubergine, pelée, en dés

1 courgette, en rondelles

10 champignons, en quartiers

½ oignon rouge, en dés

15 ml (1 c. à soupe) d'huile d'olive

2 gousses d'ail, pressées

Sel et poivre au goût

5 ml (1 c. à thé) de thym séché

5 ml (1 c. à thé) d'origan séché

375 g (13 oz) de fusilli multigrains

120 g (4 oz) de fromage feta allégé*, émietté

80 ml (⅓ tasse) de noix de Grenoble

* moins de 20 % m.g.

Vinaigrette

4 tomates séchées dans l'huile

30 ml (2 c. à soupe) de vinaigre balsamique

5 feuilles de basilic, hachées finement

10 ml (2 c. à thé) de moutarde de Dijon

45 ml (3 c. à soupe) d'huile d'olive

- Préchauffer le four à 220 °C (425 °F).
- Dans un grand bol, combiner les morceaux de poivron, d'aubergine, de courgette, de champignons et d'oignon.
- Ajouter l'huile, l'ail, le sel, le poivre, parsemer de thym et d'origan séchés et bien mélanger.
- Étaler sur une plaque de cuisson et faire griller au four environ 20 min. Laisser refroidir.
- Entre-temps, dans une grande casserole d'eau bouillante salée, cuire les pâtes jusqu'à ce qu'elles soient al dente. Laisser refroidir.
- Mélanger les pâtes aux légumes et y ajouter les morceaux de feta et les noix de Grenoble.
- Pour la vinaigrette, dans un mixeur, combiner les tomates, le vinaigre, le basilic et la moutarde. Ajouter l'huile en filet.
- Incorporer la vinaigrette à la salade. Réfrigérer 30 min avant de servir.

PAR PORTION	433 CALORIES	54 g GLUCIDES	15 g PROTÉINES	18 g LIPIDES
	2 LÉGUMES	2 FÉCULENTS	½ VIANDE ET SUBSTITUTS	1 ½ GRAS

Salade de riz aux crevettes et au pesto

par *Marie-Josée Cabana*, Dt. P., nutritionniste

SANS GLUTEN

PRÉPARATION : 10 MIN   CUISSON : 30 MIN   PORTIONS : 2

250 ml (1 tasse) de riz basmati

10 asperges, en tronçons

250 ml (1 tasse) de crevettes, cuites et refroidies

30 ml (2 c. à soupe) de pesto au basilic

1 poivron rouge, en dés

½ courgette, en dés

60 g (2 oz) de fromage feta allégé*

Sel et poivre au goût

* moins de 20 % m.g.

- Dans une casserole, faire bouillir 500 ml (2 tasses) d'eau. Ajouter le riz. Cuire à feu doux environ 30 min. Laisser tiédir.

- Dans une autre casserole, faire blanchir dans l'eau bouillante les asperges. Cuire environ 3 à 4 min. Plonger les asperges dans l'eau glacée pour arrêter la cuisson et égoutter.

- Dans un grand bol, mélanger tous les ingrédients.

- Laisser refroidir au réfrigérateur avant de servir.

PAR PORTION	384 CALORIES	33 g GLUCIDES	28 g PROTÉINES	16 g LIPIDES
	2 LÉGUMES	1 FÉCULENT	1 ½ VIANDE ET SUBSTITUTS	½ GRAS

Soufflé fromagé aux asperges

par *Laura Plante,* Dt. P., nutritionniste

VÉGÉTARIEN	PRÉPARATION : 15 MIN CUISSON : 50-55 MIN PORTIONS : 4

12 asperges, blanchies

6 œufs

100 g (4 oz) de fromage de chèvre

100 g (4 oz) de fromage parmesan, râpé

45 ml (3 c. à soupe) de farine de blé entier

250 ml (1 tasse) de poivrons rouge et
   jaune, en petits dés

125 ml (½ tasse) d'oignon blanc,
   haché finement

80 ml (⅓ tasse) d'olives noires, en rondelles, égouttées et rincées

60 ml (¼ tasse) de basilic frais, haché

Sel et poivre au goût

**Accompagnez votre soufflé
   de (1 portion)**

2 craquelins au poivre noir
   (de type Ryvita)

- Préchauffer le four à 180 °C (350 °F).
- Tapisser un moule carré de 23 cm (9 po) de papier parchemin et y déposer les asperges blanchies de façon parallèle.
- Dans un grand bol, fouetter les œufs. Ajouter les autres ingrédients en fouettant jusqu'à l'obtention d'une consistance homogène et verser le mélange sur les asperges.
- Faire cuire au four 50 à 55 min.

PAR PORTION (incluant l'accompagnement)	438 CALORIES	28 g GLUCIDES	30 g PROTÉINES	23 g LIPIDES
		1 ½ LÉGUME ½ FÉCULENT	1 ½ VIANDE ET SUBSTITUTS	1 ½ GRAS

Salade tiède au saumon

par *Marilyne Petitclerc,* Dt. P., nutritionniste

SANS GLUTEN   PRÉPARATION : 30 MIN   CUISSON : 20 MIN   PORTIONS : 2

Vinaigrette

10 ml (2 c. à thé) de mayonnaise allégée

15 ml (1 c. à soupe) de moutarde
de Dijon

15 ml (1 c. à soupe) de moutarde
de Meaux

5 ml (1 c. à thé) de miel

1 gousse d'ail, pressée

Piment de Cayenne au goût

15 ml (1 c. à soupe) de yogourt nature 0 %

5 ml (1 c. à thé) de jus de citron

Sel et poivre au goût

Salade

2 filets de saumon (environ 180 g ou 6 oz)

6 pommes de terre grelots rouges, en
quartiers

250 ml (1 tasse) de brocoli, en bouquets

1 poivron rouge moyen, en lanières

1 tomate moyenne, en dés

45 ml (3 c. à soupe) de persil frais,
haché finement

- Préchauffer le four à 220 °C (425 °F).
- Dans un bol, mélanger la mayonnaise, les moutardes,
le miel, l'ail et le piment de Cayenne.
- Rincer les filets de saumon et les éponger à l'aide
de papier absorbant. Mettre 15 ml (1 c. à soupe)
de sauce sur chaque filet. Conserver le reste
de la sauce pour la vinaigrette.
- Envelopper le poisson dans une papillote de papier
d'aluminium, côté brillant à l'intérieur, et mettre
sur la grille au centre du four. Cuire 15 à 20 min
ou jusqu'à la cuisson désirée.
- Pendant ce temps, faire cuire les pommes de terre
à la vapeur environ 15 min. Puis ajouter le brocoli
pour 5 min. Passer à l'eau froide et réserver.
- Dans un bol, mélanger le poivron, la tomate
et le persil. Ajouter les pommes de terre et le brocoli
lorsqu'ils ont refroidi.
- Pour terminer la vinaigrette, prendre le reste
de la sauce et y ajouter le yogourt et le jus de citron.
Saler et poivrer.
- Mélanger tous les ingrédients de la salade. Déposer
le saumon tiède sur le dessus.

PAR PORTION	413 CALORIES	58 g GLUCIDES	27 g PROTÉINES	9 g LIPIDES
		1 ½ LÉGUME	1 FÉCULENT	1 VIANDE ET SUBSTITUTS

Salade fattouch

par *Tracy Frem,* Dt. P., nutritionniste

2 poitrines de poulet
(environ 180 g ou 6 oz), tranchées

5 ml (1 c. à thé) d'huile d'olive

Sel et poivre au goût

6 feuilles de laitue romaine, en petits
morceaux

2 oignons verts, hachés finement

2 tomates moyennes, en dés

2 petits concombres libanais, en rondelles

4 tiges d'origan, hachées finement

5 tiges de persil italien, hachées finement

3 tiges de menthe, hachées finement

5 ml (1 c. à thé) de sumac
(épice libanaise)

Jus d'un citron

30 ml (2 c. à soupe) d'huile d'olive

1 pain pita de 7 po, grillé et coupé en
pointes

- Dans une poêle, faire dorer les tranches de poulet dans l'huile 2 à 3 min de chaque côté, selon l'épaisseur, ou jusqu'à ce qu'ils soient cuits. Saler et poivrer. Réserver.

- Dans un grand bol, combiner la laitue, les oignons, les tomates, les concombres, les herbes et le sumac.

- Mélanger le reste des ingrédients et ajouter le pain pita à la fin, en déposant les poitrines de poulet tranchées sur le dessus.

PAR PORTION	405 CALORIES	36 g GLUCIDES	27 g PROTÉINES	19 g LIPIDES
	3 LÉGUMES	1 FÉCULENT	1 VIANDE ET SUBSTITUTS	1 ½ GRAS

Salade d'été aux légumes et au fromage de chèvre

par *Marie-Josée Cabana,* Dt. P., nutritionniste

VÉGÉTARIEN, SANS GLUTEN　　　PRÉPARATION : 15 MIN　　PORTION : 1

Vinaigrette

45 ml (3 c. à soupe) de fromage de chèvre mou allégé*

30 ml (2 c. à soupe) de vinaigre de cidre

5 ml (1 c. à thé) de miel

Sel et poivre au goût

* moins de 20 % m.g.

Salade

½ poivron orange, en dés

½ poivron jaune, en dés

8 tomates cerises, coupées en deux

½ concombre, en demi-tranches

500 ml (2 tasses) de bébés épinards

60 ml (¼ tasse) d'amandes blanches non salées, tranchées

Accompagnez votre salade de (1 portion)

3 craquelins de seigle

250 ml (1 tasse) de thé vert

- Dans un petit bol, fouetter tous les ingrédients de la vinaigrette.

- Dans un grand saladier, combiner les poivrons, les tomates, le concombre, les épinards et les amandes.

- Incorporer la vinaigrette et bien mélanger.

PAR PORTION (incluant l'accompagnement)	401 CALORIES	61 g GLUCIDES	16 g PROTÉINES	14 g LIPIDES
	4 LÉGUMES	1 FÉCULENT	1 VIANDE ET SUBSTITUTS	1 GRAS

Riche en vitamines et minéraux ainsi qu'en antioxydants.

Salade épicée aux pois chiches et aux tomates

par *Annie Blais,* Dt. P., nutritionniste

| VÉGÉTARIEN, SANS GLUTEN | PRÉPARATION : 15 MIN   PORTIONS : 2 | |

30 ml (2 c. à soupe) d'huile d'olive

Jus d'un citron et la moitié du zeste, râpé

2,5 ml (½ c. à thé) de piment de Cayenne

2,5 ml (½ c. à thé) de cumin en poudre

Sel et poivre au goût

400 ml (14 oz) de pois chiches en conserve, égouttés et rincés

15 tomates cerises, coupées en deux et épépinées

45 ml (3 c. à soupe) de menthe fraîche, ciselée

15 ml (1 c. à soupe) d'oignons verts, hachés finement

60 g (2 oz) de fromage feta allégé*, émietté

* moins de 20 % m.g.

- Dans un saladier, à l'aide d'une fourchette, battre l'huile, le jus de citron, les épices, le sel et le poivre jusqu'à ce que la vinaigrette soit émulsionnée.

- Ajouter les pois chiches, les tomates, la menthe, les oignons et le fromage. Mélanger tous les ingrédients.

PAR PORTION	410 CALORIES	46 g GLUCIDES	19 g PROTÉINES	19 g LIPIDES
		1 LÉGUME	2 FÉCULENTS	1 VIANDE ET SUBSTITUTS	1 GRAS

Sandwich à la salade de thon, pomme et cheddar

par *Marie-Josée Cabana,* Dt. P., nutritionniste

PRÉPARATION : 10 MIN   PORTIONS : 2

120 g (4 oz ou 1 boîte) de thon pâle,
   émietté et égoutté

30 ml (2 c. à soupe) de yogourt nature 0 %

15 ml (1 c. à soupe) de mayonnaise
   allégée

1 pomme verte, en petits dés

250 ml (1 tasse) de roquette ou d'épinards

125 ml (½ tasse) de fromage cheddar
   allégé*, râpé

Sel et poivre au goût

4 tranches de pain multigrain, grillées

* moins de 20 % m.g.

**Accompagnez votre sandwich
   de (1 portion)**

¼ de concombre anglais, en rondelles

¼ de poivron rouge, en lanières

- Dans un petit bol, mélanger les ingrédients.
- Étendre la préparation sur les tranches de pain grillées.

PAR PORTION (incluant l'accompagnement)	399 CALORIES	47 g GLUCIDES	37 g PROTÉINES	8 g LIPIDES
	1 LÉGUME	½ FRUIT	1 ½ FÉCULENT	2 VIANDE ET SUBSTITUTS

Salade fraîche de crevettes et de pamplemousse

par *Laurie Parent-Drolet,* Dt. P., nutritionniste

PRÉPARATION : 20 MIN   PORTIONS : 2

Vinaigrette

30 ml (2 c. à soupe) d'huile d'olive

5 ml (1 c. à thé) de gingembre frais, haché finement

5 ml (1 c. à thé) de miel

10 ml (2 c. à thé) de vinaigre de vin rouge

15 ml (1 c. à soupe) de jus d'orange

Sel et poivre au goût

Salade

15 grosses crevettes, cuites et refroidies

½ laitue Boston, découpée grossièrement

½ avocat, en dés

½ concombre anglais, en dés

1 pamplemousse, en suprêmes

2 clémentines, en suprêmes

1 oignon vert, haché finement

200 ml (¾ tasse) de croûtons de blé entier ou multigrains

- Mélanger tous les ingrédients de la vinaigrette.
- Combiner tous les ingrédients de la salade, bien mélanger avec la vinaigrette.
- Servir rapidement pour que les croûtons et la laitue restent croquants.

PAR PORTION	407 CALORIES	46 g GLUCIDES	24 g PROTÉINES	21 g LIPIDES	
	2 LÉGUMES	1 ½ FRUIT	½ FÉCULENT	½ VIANDE ET SUBSTITUTS	2 GRAS

Soupe sucrée à la courge

par *Laura Planté,* Dt. P., nutritionniste

VÉGÉTARIEN, SANS GLUTEN

PRÉPARATION : 15 MIN   CUISSON : 25 MIN   PORTIONS : 6

30 ml (2 c. à soupe) d'huile d'olive

1 oignon, haché

1 gousse d'ail, hachée

15 ml (1 c. à soupe) de gingembre, haché

5 ml (1 c. à thé) de poudre de cumin

2 carottes, coupées grossièrement

1 grosse pomme, pelée, évidée et coupée grossièrement

1 courge musquée (environ 900 g), coupée grossièrement

250 ml (1 tasse) de bouillon de légumes à teneur réduite en sodium

1,25 l (5 tasses) d'eau

Sel et poivre au goût

Accompagnez votre soupe de (1 portion)

1 tranche de pain multigrain (ou pain sans gluten), grillée

60 g (2 oz) de fromage cheddar allégé*

* moins de 20 % m.g.

- Dans une casserole, chauffer l'huile à feu moyen et y faire suer l'oignon pendant 4 min. Ajouter l'ail et cuire 1 min, puis le gingembre et la poudre de cumin, et cuire 30 sec.

- Ajouter les carottes, la pomme et la courge, verser le bouillon de légumes et couvrir tous les ingrédients avec l'eau.

- Cuire jusqu'à ce que les légumes soient tendres (environ 20 min). Laisser tiédir.

- Utiliser un mélangeur à main et mettre le tout en purée. Saler et poivrer.

PAR PORTION (incluant l'accompagnement)	390 CALORIES	54 g GLUCIDES	23 g PROTÉINES	11 g LIPIDES
	4 LÉGUMES	1 FÉCULENT	1 VIANDE ET SUBSTITUTS	½ GRAS

La courge musquée est une excellente source de vitamine A.

Soupe aux légumes et aux lentilles

par *Laurie Parent-Drolet,* Dt. P., nutritionniste

VÉGÉTARIEN, SANS GLUTEN

PRÉPARATION : 10 MIN   CUISSON : 30 MIN   PORTIONS : 8

30 ml (2 c. à soupe) d'huile d'olive

2 échalotes grises, émincées

4 gousses d'ail, pressées

2,5 ml (½ c. à thé) de gingembre en poudre

5 ml (1 c. à thé) de cumin moulu

5 ml (1 c. à thé) de poudre de cari

5 ml (1 c. à thé) de curcuma

2,5 ml (½ c. à thé) de cannelle moulue

5 ml (1 c. à thé) de poudre de chili

½ aubergine, en dés

1 courgette moyenne, en dés

1 poivron rouge, en dés

250 ml (1 tasse) de chou vert, râpé

250 ml (1 tasse) de lentilles sèches,
bien rincées à l'eau froide

1 litre (4 tasses) de bouillon de légumes
à teneur réduite en sodium

1 litre (4 tasses) d'eau

796 ml (28 oz ou 1 boîte) de tomates
italiennes en dés

Sel et poivre au goût

400 ml (14 oz ou 1 boîte) de lait de coco
allégé

Jus d'une lime

3 branches de coriandre, hachées

Accompagnez votre soupe de (1 portion)

3 craquelins au poivre noir
(de type Ryvita) (ou craquelins sans gluten)

30 g (1 oz) de fromage cheddar allégé*

125 ml (½ tasse) de pois mange-tout

* moins de 20 % m.g.

- Dans une casserole, faire chauffer l'huile et y faire cuire les échalotes pendant 5 min ou jusqu'à ce qu'elles soient transparentes.

- Ajouter l'ail, le gingembre, le cumin, la poudre de cari, le curcuma, la cannelle, la poudre de chili, l'aubergine, la courgette, le poivron et le chou. Cuire 1 min en brassant.

- Ajouter les lentilles, le bouillon, l'eau et les tomates. Saler et poivrer au goût. Porter à ébullition et réduire le feu au minimum.

- Laisser mijoter 20 min à découvert. Quand les lentilles sont défaites, ajouter le lait de coco puis le jus de lime. Garnir de coriandre avant de servir.

PAR PORTION (incluant l'accompagnement)	399 CALORIES	50 g GLUCIDES	21 g PROTÉINES	13 g LIPIDES
		2 LÉGUMES	2 FÉCULENTS	1 VIANDE ET SUBSTITUTS

Sandwich au tofu cajun

par *Marilyne Petitclerc,* Dt. P., nutritionniste

VÉGÉTARIEN	PRÉPARATION : 10 MIN PORTIONS : 2

30 ml (2 c. à soupe) de yogourt nature 0 %

5 ml (1 c. à thé) de mayonnaise allégée

5 ml (1 c. à thé) d'assaisonnements cajuns

2,5 ml (½ c. à thé) de poudre d'oignon

1,25 ml (¼ c. à thé) de piment de Cayenne

⅓ de bloc de tofu ferme, en lanières

4 tranches de pain de blé entier, grillées

250 ml (1 tasse) de bébés épinards

250 ml (1 tasse) de luzerne

200 ml (environ ¾ tasse) de fromage
    cheddar allégé*, râpé

* moins de 20 % m.g.

Accompagnez votre sandwich de (1 portion)

8 carottes miniatures

8 lanières de poivron rouge

8 bâtonnets de céleri

Trempette au yogourt

30 ml (2 c. à soupe) de yogourt nature 0 %

2,5 ml (½ c. à thé) d'assaisonnements
    cajuns

- Mélanger le yogourt, la mayonnaise, les assaisonnements cajuns, la poudre d'oignon et le piment de Cayenne, puis ajouter le tofu.

- Sur les tranches de pain grillées, disposer les épinards, la luzerne et le fromage.

- Répartir la préparation de tofu sur chaque sandwich.

PAR PORTION (incluant l'accompagnement)	418 CALORIES	47 g GLUCIDES	34 g PROTÉINES	13 g LIPIDES
		2 LÉGUMES	2 FÉCULENTS	1 ½ VIANDE ET SUBSTITUTS	½ GRAS

Potage aux patates douces et au gingembre

par *Sarah Le,* Dt. P., nutritionniste

VÉGÉTARIEN, SANS GLUTEN   PRÉPARATION : 15 MIN   CUISSON : 20 MIN   PORTIONS : 6

3 grosses patates douces, pelées, en dés

2 poires, pelées, en dés

2 carottes, en rondelles

1 oignon, haché

2 gousses d'ail, hachées

30 ml (2 c. à soupe) d'huile d'olive

1 l (4 tasses) de bouillon de légumes à teneur réduite en sodium

30 ml (2 c. à soupe) de gingembre frais, haché

125 ml (½ tasse) de lait 1 %

1 pincée de piment de Cayenne

Sel et poivre au goût

Accompagnez votre potage de (1 portion)

1 tortilla de blé entier (ou tortilla sans gluten) de 7 po, grillée

50 g (2 oz) de fromage cheddar allégé*

* moins de 20 % m.g.

- Dans une grande casserole, faire revenir les patates douces, les poires, les carottes, l'oignon et l'ail dans l'huile. Incorporer le bouillon. Porter à ébullition. Couvrir et laisser mijoter 10 min.

- Ajouter le gingembre. Poursuivre la cuisson jusqu'à tendreté des patates douces. Réduire en purée au mélangeur électrique.

- Remettre la purée dans la casserole. Incorporer le lait. Réchauffer 2 à 3 min. Ajouter le piment de Cayenne. Saler et poivrer.

PAR PORTION (incluant l'accompagnement)	426 CALORIES	56 g GLUCIDES	22 g PROTÉINES	13 g LIPIDES
		1 ½ LÉGUME	½ FRUIT	2 FÉCULENTS	1 VIANDE ET SUBSTITUTS

Soupe-repas asiatique

par *Nancy Lee,* Dt. P., nutritionniste

SANS GLUTEN
(SI UTILISATION DE SAUCE SOYA SANS GLUTEN)

PRÉPARATION : 10 MIN   CUISSON : 20 MIN   PORTIONS : 3

- 150 g (5 oz) de vermicelles de riz
- 250 ml (1 tasse) de champignons shiitakés ou autres, en tranches
- 180 g (6 oz) de crevettes, décongelées
- 15 ml (1 c. à soupe) d'huile d'olive
- Sel et poivre au goût
- 900 ml (environ 3 ½ tasses) de bouillon de poulet à teneur réduite en sodium
- 125 ml (½ tasse) de carottes, en julienne
- 1 gousse d'ail, émincée
- 60 ml (¼ tasse) d'échalotes, en fines tranches
- Gingembre frais au goût, en julienne
- 250 ml (1 tasse) de bébés épinards
- 30 ml (2 c. à soupe) de sauce soya à teneur réduite en sodium
- 60 ml (¼ tasse) d'arachides grillées, concassées
- 30 ml (2 c. à soupe) de coriandre fraîche, hachée
- Tabasco au goût

- Dans une casserole, porter de l'eau à ébullition et cuire les vermicelles de riz selon les indications figurant sur l'emballage. Égoutter et réserver.

- Dans une poêle, faire sauter les champignons et les crevettes dans l'huile environ 5 min. Saler et poivrer. Réserver

- Dans une grande casserole, porter à ébullition le bouillon. Ajouter les carottes, l'ail, l'échalote et le gingembre. Cuire jusqu'à ce que les carottes soient tendres.

- Ajouter les épinards, les vermicelles, les crevettes, les champignons et la sauce soya. Laisser mijoter quelques minutes.

- Au moment de servir, parsemer le dessus de la soupe d'arachides et de coriandre.

PAR PORTION	416 CALORIES	52 g GLUCIDES	26 g PROTÉINES	12 g LIPIDES
		2 LÉGUMES	2 FÉCULENTS	1 VIANDE ET SUBSTITUTS

Velouté de brocoli et poireau

par *Jessica LeBlanc-Chevarie,* Dt. P., nutritionniste

VÉGÉTARIEN, SANS GLUTEN   PRÉPARATION : 15 MIN   CUISSON : 35 MIN   PORTIONS : 6

1 oignon, haché finement

1 blanc de poireau, haché grossièrement

30 ml (2 c. à soupe) d'huile d'olive

1 gousse d'ail, hachée finement

250 ml (1 tasse) d'eau

500 ml (2 tasses) de bouillon de légumes
   à teneur réduite en sodium

250 ml (1 tasse) de brocoli,
   haché grossièrement

1 pomme de terre, en dés

5 ml (1 c. à thé) de sel de céleri

Poivre au goût

125 ml (½ tasse) de crème 15 %

**Accompagnez votre velouté
   de (1 portion)**

1 tranche de pain multigrain
   (ou pain sans gluten)

60 g (2 oz) de fromage cheddar allégé*

* moins de 20 % m.g.

- Dans une grande casserole, faire suer l'oignon
  et le poireau environ 5 min dans l'huile. Ajouter l'ail.
  Poursuivre la cuisson 1 min.

- Ajouter l'eau, le bouillon, le brocoli, la pomme
  de terre et porter à ébullition. Couvrir partiellement
  et cuire jusqu'à ce que les légumes soient tendres,
  15 à 20 min. Retirer du feu.

- Passer la soupe au mélangeur jusqu'à obtention
  d'une texture lisse.

- Remettre dans la casserole à feu doux, ajouter
  le sel de céleri et le poivre.

- Incorporer la crème. Réchauffer sans laisser bouillir.

PAR PORTION (incluant l'accompagnement)	371 CALORIES	25 g GLUCIDES	23 g PROTÉINES	21 g LIPIDES
		1 LÉGUME	1 FÉCULENT	1 VIANDE ET SUBSTITUTS	1 GRAS

Sous-marin au bœuf et aux artichauts

par *Marie-Pier Tremblay-Gaudin*, Dt. P., nutritionniste

PRÉPARATION : 10 MIN   CUISSON : 10 MIN   PORTIONS : 2

- 30 ml (2 c. à soupe) d'oignon rouge, en lanières
- 10 champignons, tranchés
- ½ poivron rouge, en lanières
- 10 ml (2 c. à thé) d'huile d'olive
- 120 g (4 oz) de bœuf tranché mince (style bœuf à fondue)
- 2 petits pains à sous-marins de blé entier
- 60 ml (¼ tasse) de cœurs d'artichauts en conserve, émincés
- 60 ml (¼ tasse) de fromage cheddar allégé*, râpé
- 30 ml (2 c. à soupe) de fromage parmesan, râpé
- Sel et poivre au goût

* moins de 20 % m.g.

- Préchauffer le four à *broil*.
- Dans une poêle antiadhésive, faire revenir les oignons, les champignons et le poivron dans l'huile pendant environ 3 min.
- Ajouter les tranches de bœuf au mélange de légumes, puis cuire environ 2 min.
- Couper les pains à sous-marins en deux afin de les ouvrir et les déposer sur une plaque de cuisson recouverte d'un papier parchemin.
- Une fois le mélange de légumes cuit, l'étendre également sur les 2 pains à sous-marins et y ajouter les cœurs d'artichauts.
- Mélanger les deux types de fromage, séparer en deux parties égales et déposer sur les sous-marins. Saler et poivrer au goût.
- Faire gratiner au four jusqu'à ce que le fromage fondu soit doré.

PAR PORTION	395 CALORIES	35 g GLUCIDES	27 g PROTÉINES	15 g LIPIDES
	2 LÉGUMES	1 ½ FÉCULENT	1 VIANDE ET SUBSTITUTS	1 GRAS

Muffins anglais à la salade de thon et au poivron rouge rôti

par *Christina Timotheatos,* Dt. P., nutritionniste

PRÉPARATION : 10 MIN   CUISSON : 10 MIN   PORTIONS : 2

5 ml (1 c. à thé) d'huile d'olive

1 échalote française, hachée finement

1 gousse d'ail, hachée finement

170 g (1 boîte) de thon pâle, égoutté

10 ml (2 c. à thé) de mayonnaise allégée

5 ml (1 c. à thé) de yogourt nature 0 %

2,5 ml (½ c. à thé) de pâte de tomate

2 muffins anglais, grillés

1 poivron rouge rôti en conserve, tranché en deux

125 ml (½ tasse) de fromage cheddar allégé*, râpé

* moins de 20 % m.g.

Accompagnez votre muffin anglais de (1 portion)

½ concombre anglais, en rondelles

8 carottes miniatures

- Préchauffer le four à 215 °C (425 °F).
- Dans une poêle, chauffer l'huile et faire dorer l'échalote, environ 5 min. Ajouter l'ail. Cuire environ 1 min. Réserver.
- Dans un bol, mélanger le thon, la mayonnaise, le yogourt et la pâte de tomate.
- Ouvrir les muffins anglais grillés, y déposer le poivron rouge. Étendre le mélange de thon et parsemer de fromage. Enfourner environ 5 min, jusqu'à ce que le fromage soit gratiné.

PAR PORTION (incluant l'accompagnement)	378 CALORIES	40 g GLUCIDES	36 g PROTÉINES	8 g LIPIDES
	2 LÉGUMES	1 FÉCULENT	1 ½ VIANDE ET SUBSTITUTS	½ GRAS

Wrap à la dinde et à l'hummus

par *Christina Timotheatos,* Dt. P., nutritionniste

PRÉPARATION : 10 MIN   CUISSON : 5 MIN   PORTIONS : 2

6 champignons, tranchés

10 ml (2 c. à thé) d'huile d'olive

Sel et poivre au goût

2 tortillas de blé entier de 7 po

60 ml (¼ tasse) d'hummus

6 grosses tranches de dinde cuite

60 g (2 oz) de fromage cheddar allégé*

250 ml (1 tasse) d'épinards frais

½ poivron rouge, tranché finement

* moins de 20 % m.g.

- Dans une poêle, faire sauter les champignons dans l'huile. Saler et poivrer. Réserver.

- Tartiner les tortillas d'hummus. Ajouter les champignons refroidis, les tranches de dinde, le fromage, les épinards et le poivron.

- Rouler le wrap fermement.

PAR PORTION	395 CALORIES	39 g GLUCIDES	29 g PROTÉINES	16 g LIPIDES
		1½ LÉGUME	1 FÉCULENT	1 VIANDE ET SUBSTITUTS	1 GRAS

Panini hawaiien

par *Prisca Barré,* Dt. P., nutritionniste

PRÉPARATION : 15 MIN   CUISSON : 5 MIN   PORTIONS : 2

½ mangue, en petits dés

60 ml (¼ tasse) d'ananas frais ou en conserve, en petits dés

5 ml (1 c. à thé) de coriandre fraîche, hachée finement

10 ml (2 c. à thé) de miel

125 ml (½ tasse) de fromage mozzarella allégé*, râpé

80 ml (⅓ tasse) de poulet, cuit, en dés

4 tranches de pain au son d'avoine faible en calories

Sel et poivre au goût

* moins de 20 % m.g.

Accompagnez votre panini de (1 portion)

10 pois mange-tout

8 carottes miniatures

- Dans un bol, mélanger la mangue, l'ananas, la coriandre et le miel.

- Répartir le fromage et le poulet sur les tranches de pain. Saler et poivrer. Ajouter le mélange de mangue et fermer les sandwichs.

- Dans un four à panini, griller les sandwichs environ 5 min. (Si vous n'avez pas de four à panini, faites griller les tranches de pain avant l'assemblage.)

PAR PORTION (incluant l'accompagnement)	401 CALORIES	71 g GLUCIDES	25 g PROTÉINES	6 g LIPIDES

2 LÉGUMES	½ FRUIT	2 FÉCULENTS	1 VIANDE ET SUBSTITUTS	½ SUCRE

Wrap méditerranéen
par *Marilyne Petitclerc,* Dt. P., nutritionniste

VÉGÉTARIEN　　　　PRÉPARATION : 15 MIN　　PORTIONS : 3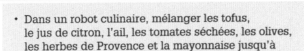

½ bloc de tofu ferme, en dés

½ bloc de tofu soyeux

Jus d'un demi-citron

1 gousse d'ail, pressée

6 tomates séchées dans l'huile, drainées, coupées en morceaux

8 olives Kalamata dénoyautées

5 ml (1 c. à thé) d'herbes de Provence

30 ml (2 c. à soupe) de mayonnaise allégée

Sel et poivre au goût

3 tortillas de blé entier de 7 po

250 ml (1 tasse) de luzerne

125 ml (½ tasse) de bébés épinards

1 poivron rouge, tranché finement

190 ml (¾ tasse) de chou rouge, râpé

Accompagnez votre wrap de (1 portion)

10 tomates cerises, coupées en deux, mélangées à 2,5 ml (½ c. à thé) de pesto au basilic

- Dans un robot culinaire, mélanger les tofus, le jus de citron, l'ail, les tomates séchées, les olives, les herbes de Provence et la mayonnaise jusqu'à obtenir une texture homogène. Saler et poivrer.

- Séparer le mélange en trois, répartir sur les tortillas. Ajouter la luzerne, les épinards, le poivron et le chou. Rouler fermement.

PAR PORTION (incluant l'accompagnement)	420 CALORIES	47 g GLUCIDES	22 g PROTÉINES	18 g LIPIDES
		2 LÉGUMES	1 ½ FÉCULENT	1 VIANDE ET SUBSTITUTS	1 GRAS

Tortillas à la salade de poulet, mangue et cari

par *Marie-Josée Cabana*, Dt. P., nutritionniste

PRÉPARATION : 15 MIN   PORTIONS : 4

2 poitrines de poulet
   (environ 200 g ou 7 oz), cuites,
   hachées

1 mangue fraîche, en petits dés

10 ml (2 c. à thé) de poudre de cari

45 ml (3 c. à soupe) de yogourt nature 0 %

15 ml (1 c. à soupe) de mayonnaise
   allégée

250 ml (1 tasse) de laitue, émincée

250 ml (1 tasse) de fromage cheddar
   allégé*, râpé

Sel et poivre au goût

4 tortillas de blé entier de 7 po

* moins de 20 % m.g.

- Dans un petit bol, mélanger tous les ingrédients,
  à l'exception des tortillas.
- Étendre la préparation sur les tortillas et rouler.

PAR PORTION	380 CALORIES	38 g GLUCIDES	30 g PROTÉINES	11 g LIPIDES
		½ FRUIT · 1 ½ FÉCULENT	1 VIANDE ET SUBSTITUTS	½ GRAS

Soupers

Bœuf en sauce aux haricots

par *Marie Rached,* Dt. P., M. Sc., nutritionniste

SANS GLUTEN

PRÉPARATION : 10 MIN   CUISSON : 2 H 10   PORTIONS : 2

1 oignon moyen, en lanières

5 ml (1 c. à thé) d'huile d'olive

3 gousses d'ail, pressées

200 g (7 oz) de bœuf bourguignon, en dés

2,5 ml (½ c. à thé) de sel

2,5 ml (½ c. à thé) de cannelle moulue

1,25 ml (¼ c. à thé) de poivre noir moulu

250 ml (1 tasse) de sauce tomate en boîte

125 ml (½ tasse) de bouillon de poulet
à teneur réduite en sodium

300 g (11 oz) de haricots verts,
frais ou congelés, en tronçons

**Accompagnez votre bœuf
de (1 portion)**

125 ml (½ tasse) de riz à grains longs, cuit

- Préchauffer le four à 180 °C (350 °F).

- Dans une casserole, faire revenir les oignons dans l'huile environ 5 min. Ajouter l'ail et cuire environ 1 min.

- Ajouter la viande, le sel, la cannelle et le poivre, et faire saisir pendant 5 min.

- Ajouter la sauce tomate et le bouillon. Couvrir et porter à ébullition. Enfourner et laisser cuire environ 2 h ou jusqu'à ce que la viande soit tendre. Vous pouvez également faire cette recette à la mijoteuse.

- Environ 10 min avant la fin de la cuisson, ajouter les haricots et mélanger.

PAR PORTION (incluant l'accompagnement)	410 CALORIES	54 g GLUCIDES	31 g PROTÉINES	9 g LIPIDES
		3 ½ LÉGUMES	1 FÉCULENT	1 VIANDE ET SUBSTITUTS

Teneur élevée en sélénium.

Poulet à l'ail

par *Tracy Frem,* Dt. P., nutritionniste

SANS GLUTEN

PRÉPARATION : 10 MIN   MACÉRATION : 24 H
CUISSON : 40 MIN   PORTIONS : 4

3 gousses d'ail, émincées

Jus d'un demi-citron

30 ml (2 c. à soupe) d'huile d'olive

Sel et poivre au goût

1 pincée de paprika

80 ml (⅓ tasse) de yogourt nature 0 %

15 ml (1 c. à soupe) de moutarde de Dijon

5 ml (1 c. à thé) de purée de poivron rouge

2 branches de romarin frais, hachées

2 branches de thym frais, hachées

400 g (14 oz) de poitrines de poulet,
    coupées en deux sur la longueur

Salade italienne

1 l (4 tasses) de laitue frisée verte

4 tomates moyennes, en dés

60 ml (¼ tasse) de jus de citron

60 ml (¼ tasse) de vinaigre de cidre

60 ml (¼ tasse) de jus de pomme non sucré

2,5 ml (½ c. à thé) d'origan, de moutarde
    en poudre, de poudre d'oignon et de
    basilic séché

0,5 ml (⅛ c. à thé) de thym séché

0,5 ml (⅛ c. à thé) de romarin séché

2 gousses d'ail, hachées

Accompagnez votre poulet de (1 portion)

1 pomme de terre moyenne, cuite au four

- Dans un petit bol, mélanger l'ail, le jus de citron,
  l'huile, le sel, le poivre, le paprika, le yogourt,
  la moutarde, la purée de poivron rouge, le romarin
  et le thym.

- Badigeonner le mélange sur les poitrines de poulet,
  en couvrant bien chaque côté, et laisser macérer
  toute la nuit.

- Préchauffer le four à 200 °C (400 °F).

- Dans un plat de cuisson, déposer les poitrines de
  poulet enrobées de sauce et cuire au four 30 min.

- Préparer la salade. Mélanger la laitue et les tomates.

- Dans un bol, mélanger le jus de citron, le vinaigre de
  cidre, le jus de pomme, l'origan, la moutarde en poudre,
  la poudre d'oignon, le basilic, le thym, le romarin et l'ail.

- Verser 30 ml (2 c. à soupe) de la vinaigrette sur chaque
  portion de salade.

PAR PORTION (incluant l'accompagnement)	404 CALORIES	51 g GLUCIDES	31 g PROTÉINES	10 g LIPIDES
		2 LÉGUMES	2 FÉCULENTS	1 VIANDE ET SUBSTITUTS

Burgers de poulet à la grecque

par *Marie Rached,* Dt. P., M. Sc., nutritionniste

PRÉPARATION : 15 MIN   CUISSON : 15 MIN   PORTIONS : 4

10 ml (2 c. à thé) d'huile d'olive

1 petit oignon, émincé

500 ml (2 tasses) de bébés épinards, hachés

60 ml (¼ tasse) de fromage feta allégé*, émietté

5 ml (1 c. à thé) d'aneth frais, haché

Sel et poivre au goût

1 lb (454 g ou 14 oz) de poitrines de poulet, hachées

4 pains à hamburger

4 feuilles de laitue

* moins de 20 % m.g.

Sauce tzatziki

125 ml (½ tasse) de yogourt grec nature 0 %

1 petit concombre libanais, en rondelles

10 ml (2 c. à thé) de jus de citron

5 ml (1 c. à thé) d'huile d'olive

1 gousse d'ail, écrasée

5 ml (1 c. à thé) d'aneth frais, haché

1 pincée de poivre noir

- Dans une poêle antiadhésive, chauffer la moitié de l'huile et faire suer l'oignon.

- Ajouter les bébés épinards et mélanger pendant 1 min pour ramollir.

- Transférer dans un grand bol.

- Ajouter le fromage, l'aneth et le poivre. Mélanger et réserver.

- Saler et poivrer le poulet haché. Façonner huit galettes de dimensions égales.

- Déposer l'équivalent de 30 ml (2 c. à soupe) du mélange d'épinards sur chacune des quatre premières galettes. Placer les quatre autres galettes par-dessus et bien fermer les côtés pour former un total de quatre galettes.

- Dans une poêle antiadhésive, chauffer l'autre moitié de l'huile et y faire cuire les galettes 5 min de chaque côté.

- Préparer la sauce tzatziki : dans un bol, mélanger le yogourt, le concombre, le jus de citron, l'huile, l'ail, l'aneth et le poivre.

- Faire griller les pains (au four ou au grille-pain).

- Garnir les burgers des feuilles de laitue et de la sauce au yogourt.

PAR PORTION	422 CALORIES	26 g GLUCIDES	29 g PROTÉINES	23 g LIPIDES
	1 LÉGUME	1 FÉCULENT	1 ½ VIANDE ET SUBSTITUTS	½ GRAS

Bonne source de fer et de manganèse.

Poitrines de poulet glacées au soya et au miel

par *Marie-Josée Cabana,* Dt. P., nutritionniste

SANS GLUTEN
(SI UTILISATION DE SAUCE SOYA SANS GLUTEN)

PRÉPARATION : 10 MIN   CUISSON : 30 MIN   PORTIONS : 6

125 ml (½ tasse) de sauce soya
à teneur réduite en sodium

125 ml (½ tasse) de bouillon de poulet
à teneur réduite en sodium

60 ml (¼ tasse) de vin blanc

15 ml (1 c. à soupe) d'huile d'olive

5 gousses d'ail, émincées

30 ml (2 c. à soupe) de miel

5 ml (1 c. à thé) de gingembre frais
ou séché

1 gros oignon, en grosses rondelles

6 poitrines de poulet
(environ 600 g ou 21 oz)

**Accompagnez votre poulet
de (1 portion)**

125 ml (½ tasse) de brocoli, en bouquets,
cuit à la vapeur

125 ml (½ tasse) de carottes,
en rondelles, cuites à la vapeur

250 ml (1 tasse) de riz sauvage, cuit

- Préchauffer le four à 180 °C (350 °F).
- Dans un bol, mélanger tous les ingrédients et bien enrober les poitrines de poulet.
- Dans un plat de cuisson, déposer le poulet enrobé de sauce et cuire au four pendant 15 min. Retourner ensuite les poitrines et cuire encore 15 min.

PAR PORTION (incluant l'accompagnement)	415 CALORIES	59 g GLUCIDES	34 g PROTÉINES	5 g LIPIDES
		2 LÉGUMES	2 FÉCULENTS	1 VIANDE ET SUBSTITUTS

Poulet à la grecque
par *Marie-Josée Cabana*, Dt. P., nutritionniste

PRÉPARATION : 15 MIN   CUISSON : 15 MIN
MACÉRATION : 2 H   PORTIONS : 2

15 ml (1 c. à soupe) de mayonnaise
  allégée

30 ml (2 c. à soupe) de yogourt nature 0 %

15 ml (1 c. à soupe) d'origan

15 ml (1 c. à soupe) d'huile d'olive

15 ml (1 c. à soupe) de jus de citron

5 ml (1 c. à thé) de poudre d'oignon

1 gousse d'ail, hachée finement

5 ml (1 c. à thé) de moutarde de Dijon
  à l'ancienne

Sel et poivre au goût

200 g (7 oz) de poitrines de poulet
  en cubes pour brochettes

120 g (4 oz) de tartinade tzatziki

**Accompagnez votre poulet
  de (1 portion)**

125 ml (½ tasse) de riz sauvage, cuit

6 asperges, cuites à la vapeur

- Mélanger tous les ingrédients et laisser mariner
  au réfrigérateur au moins 2 h.
- Préchauffer le four à 215 °C (425 °F).
- Enfiler les cubes de poulet sur deux brochettes.
- Disposer les brochettes sur une plaque de cuisson
  et cuire au four 15 min en retournant les brochettes
  à deux reprises.

PAR PORTION (incluant l'accompagnement)	413 CALORIES	32 g GLUCIDES	33 g PROTÉINES	20 g LIPIDES
	1 LÉGUME	1 FÉCULENT	1 VIANDE ET SUBSTITUTS	1 GRAS

Poulet à l'indienne

par *Laurie Parent-Drolet,* Dt. P., nutritionniste

PRÉPARATION : 15 MIN   CUISSON : 30 MIN   PORTIONS : 2

15 ml (1 c. à soupe) d'huile d'olive

200 g (7 oz) de poitrines de poulet, en lanières

1 oignon, tranché mince

1 gousse d'ail, hachée

5 ml (1 c. à thé) de poudre de cari

2,5 ml (½ c. à thé) de curcuma moulu

2,5 ml (½ c. à thé) de garam masala

5 ml (1 c. à thé) de farine de blé entier

Poivre au goût

1,25 ml (¼ c. à thé) de cardamome moulue

284 ml (environ 1 ⅓ tasse) de bouillon de poulet à teneur réduite en sodium

15 ml (1 c. à soupe) de vinaigre blanc

30 ml (2 c. à soupe) de raisins secs

30 ml (2 c. à soupe) d'amandes grillées, effilées

Accompagnez votre poulet de (1 portion)

125 ml (½ tasse) de brocoli, en bouquets, cuit à la vapeur

1 pain pita de blé entier de 4 po

- Chauffer l'huile dans une casserole à fond épais. Cuire le poulet quelques minutes pour qu'il perde sa coloration rosée. Réserver.

- Dans la même casserole, faire revenir l'oignon et l'ail 5 min à feu moyen. Ajouter le cari, le curcuma et le garam masala et cuire 2 min.

- Incorporer la farine en remuant bien. Poivrer généreusement.

- Ajouter la cardamome, le bouillon, le vinaigre, les raisins secs et le poulet. Bien mélanger, couvrir et laisser mijoter 25 min ou jusqu'à ce que le poulet soit tendre.

- Au moment de servir, parsemer d'amandes grillées.

PAR PORTION (incluant l'accompagnement)	425 CALORIES	44 g GLUCIDES	33 g PROTÉINES	15 g LIPIDES

1 LÉGUME	½ FRUIT	1 FÉCULENT	1 ½ VIANDE ET SUBSTITUTS	1 GRAS

Poulet en sauce aux arachides sur courge spaghetti

par *Ariane Lavigne,* Dt. P., nutritionniste

SANS GLUTEN
(SI UTILISATION DE SAUCE SOYA SANS GLUTEN)

PRÉPARATION : 15 MIN   CUISSON : 40 MIN   PORTIONS : 4

1 courge spaghetti, coupée en deux sur la longueur

100 ml (⅓ tasse) de beurre d'arachide

125 ml (½ tasse) de lait de coco allégé

125 ml (½ tasse) de bouillon de poulet à teneur réduite en sodium

15 ml (1 c. à soupe) de sauce de poisson

30 ml (2 c. à soupe) de sauce soya à teneur réduite en sodium

30 ml (2 c. à soupe) de vinaigre de riz

15 ml (1 c. à soupe) de gingembre frais, râpé finement

2,5 ml (½ c. à thé) d'huile de sésame

2,5 ml (½ c. à thé) de flocons de piment fort

10 ml (2 c. à thé) d'huile d'olive

227 g (½ lb) de poitrines de poulet, sans la peau, désossées, en lanières

1 poivron rouge, épépiné et émincé

2 échalotes, émincées

2 gousses d'ail, pressées

30 ml (2 c. à soupe) d'arachides non salées, hachées grossièrement

30 ml (2 c. à soupe) de basilic frais, haché finement

Accompagnez votre poulet de (1 portion)

125 ml (½ tasse) de brocoli, en bouquets, cuit à la vapeur

- Préchauffer le four à 200 °C (400 °F).

- Déposer les moitiés de courge sur une plaque de cuisson, côté coupé vers le bas, et les cuire au four 30 à 40 min, jusqu'à ce qu'elles soient al dente.

- Dans un grand bol, à l'aide d'un fouet, mélanger le beurre d'arachide, le lait de coco, le bouillon, la sauce de poisson, la sauce soya, le vinaigre de riz, le gingembre, l'huile de sésame et les flocons de piment. Réserver.

- Dans une poêle, à feu moyen-vif, chauffer l'huile et ajouter le poulet. Cuire 5 min, en remuant de temps à autre, jusqu'à ce que le poulet soit doré. Ajouter le poivron et les échalotes. Poursuivre la cuisson pendant environ 5 min, jusqu'à ce que les légumes soient tendres et que le poulet soit bien cuit. Incorporer l'ail et cuire 1 min. Ajouter la sauce réservée et laisser mijoter à feu doux.

- Quand la courge est cuite, retirer les graines et la défaire en filaments à l'aide d'une fourchette, puis séparer en quatre portions dans quatre assiettes creuses. Verser le mélange de poulet et de légumes sur la courge. Garnir d'arachides et de basilic frais.

PAR PORTION (incluant l'accompagnement)	436 CALORIES	36 g GLUCIDES	27 g PROTÉINES	23 g LIPIDES
		3 LÉGUMES	1 VIANDE ET SUBSTITUTS	2 GRAS

Poulet sauté à l'ananas

par *Marilyne Petitclerc,* Dt. P., nutritionniste

SANS GLUTEN

PRÉPARATION : 10 MIN   CUISSON : 15 MIN   PORTIONS : 4

- 500 g (1 lb) de poitrines de poulet, parées, en dés
- 15 ml (1 c. à soupe) d'huile d'olive
- 2 gousses d'ail, émincées
- 30 ml (2 c. à soupe) de sauce Worcestershire
- 30 ml (2 c. à soupe) de gingembre frais, haché finement
- Sel et poivre au goût
- 2 carottes, tranchées en biseau
- 398 ml (14 oz ou 1 boîte) d'ananas, en dés, dans son jus
- 1 poivron rouge, en lanières
- 250 ml (1 tasse) de pois mange-tout, parés
- Tabasco au goût
- 15 ml (1 c. à soupe) de fécule de maïs
- 30 ml (2 c. à soupe) d'eau

Accompagnez votre poulet de (1 portion)

- 125 ml (½ tasse) de riz basmati brun, cuit

- Dans une poêle, saisir le poulet dans l'huile d'olive, environ 2 min. Ajouter l'ail, la sauce Worcestershire et le gingembre. Saler et poivrer.

- Incorporer les carottes, l'ananas et la moitié du jus de la boîte. Laisser mijoter à feu doux environ 5 min. Ajouter le poivron et les pois mange-tout. Laisser mijoter encore 5 min. Ajouter du Tabasco au goût.

- Pendant ce temps, délayer la fécule de maïs dans l'eau, puis verser dans la poêle en remuant pour diluer le mélange de fécule.

- Laisser épaissir la sauce quelques minutes avant de servir.

PAR PORTION (incluant l'accompagnement)	436 CALORIES	62 g GLUCIDES	34 g PROTÉINES	6 g LIPIDES
	1 ½ LÉGUME	½ FRUIT	1 FÉCULENT	1 ½ VIANDE ET SUBSTITUTS

Riz sauvage indien au poulet

par *Vincent Hoa Mai,* Dt. P., nutritionniste

ZÉRO DIÈTE ◆

SANS GLUTEN

PRÉPARATION : 30 MIN   CUISSON : 1 H 15   PORTIONS : 4

500 ml (2 tasses) de bouillon de poulet
   à teneur réduite en sodium

250 ml (1 tasse) de riz sauvage

4 poitrines de poulet
   (environ 360 g ou 13 oz), en cubes

5 ml (1 c. à thé) d'huile d'olive

Sel et poivre au goût

½ oignon, haché

1 gousse d'ail, émincée

125 ml (½ tasse) de jus d'orange

125 ml (½ tasse) d'eau

1 navet, en gros dés

2 carottes moyennes,
   pelées, en rondelles

796 ml (28 oz ou 1 boîte)
   de tomates en dés

5 ml (1 c. à thé) de cari

5 ml (1 c. à thé) de cumin

2,5 ml (½ c. à thé) de cannelle

1,25 ml (¼ c. à thé) de poivre de Cayenne

5 ml (1 c. à thé) de coriandre, hachée

1,25 ml (¼ c. à thé) de gingembre, haché

1 patate douce, en gros dés

1 courgette, en gros dés

1 poivron rouge, en gros dés

60 ml (¼ tasse) de raisins secs

- Dans une casserole, porter le bouillon de poulet à ébullition et cuire le riz selon les indications figurant sur l'emballage. Réserver.

- Dans une grande casserole, dorer la viande de tous les côtés dans l'huile. Saler, poivrer et réserver.

- Dans la même poêle, faire revenir l'oignon et l'ail environ 5 min. Déglacer avec le jus d'orange. Ajouter l'eau. Remettre la viande dans la poêle. Incorporer le navet, les carottes, les tomates, les épices, la coriandre et le gingembre. Porter à ébullition. Couvrir et laisser mijoter à feu doux pendant 40 min.

- Ajouter les ingrédients restants : patate douce, courgette, poivron et raisins secs. Porter à ébullition, couvrir et cuire environ 20 min ou jusqu'à ce que les légumes soient tendres.

- Servir la préparation de poulet sur le riz.

PAR PORTION	426 CALORIES	68 g GLUCIDES	32 g PROTÉINES	4 g LIPIDES
		2 LÉGUMES	2 FÉCULENTS	1 VIANDE ET SUBSTITUTS

Sauté de poulet aux légumes

par *Marie Rached,* Dt. P., M. Sc., nutritionniste

SANS GLUTEN
(SI UTILISATION DE SAUCE SOYA SANS GLUTEN)

PRÉPARATION : 20 MIN   CUISSON : 15 MIN   PORTIONS : 2

10 ml (2 c. à thé) d'huile d'olive

1 petit oignon, en lanières

½ poivron rouge, en lanières

250 ml (1 tasse) de pois mange-tout

250 ml (1 tasse) de brocoli, en bouquets

2 carottes, en lanières

125 ml (½ tasse) de champignons,
en tranches

200 g (7 oz) de poitrines de poulet,
en lanières

10 ml (2 c. à thé) de pâte de cari rouge

30 ml (2 c. à soupe) de sauce soya
à teneur réduite en sodium

15 ml (1 c. à soupe) de miel

30 ml (2 c. à soupe) de beurre d'arachide
crémeux naturel

125 ml (½ tasse) de bouillon de poulet
à teneur réduite en sodium

Accompagnez votre sauté de (1 portion)

125 ml (½ tasse) de riz, cuit

- Dans un wok, chauffer 5 ml (1 c. à thé) d'huile
et faire suer l'oignon pendant 1 min.

- Ajouter le poivron rouge, les pois mange-tout, le
brocoli, les carottes et les champignons et cuire 5 min.
Retirer du feu et réserver.

- Toujours dans le wok, chauffer 5 ml (1 c. à thé) d'huile
d'olive à feu moyen et faire revenir les lanières de
poulet pendant 4 min.

- Dans un bol, mélanger la pâte de cari rouge, la sauce
soya, le miel, le beurre d'arachide et le bouillon de
poulet. Verser la sauce sur le poulet dans le wok et
ajouter les légumes sautés.

- Laisser mijoter 3 min.

Variante
Les légumes (poivron rouge, pois mange-tout, brocoli, carottes
et champignons) peuvent être remplacés par 3 tasses
de légumes asiatiques congelés. S'assurer de bien les égoutter
avant de les ajouter à la recette.

PAR PORTION (incluant l'accompagnement)	404 CALORIES	44 g GLUCIDES	12 g PROTÉINES	32 g LIPIDES
	3 LÉGUMES	1 FÉCULENT	1 VIANDE ET SUBSTITUTS	½ GRAS

Poisson d'inspiration sénégalaise

par *Maude Fournier,* Dt. P., nutritionniste

SANS GLUTEN

PRÉPARATION : 20 MIN   CUISSON : 30 MIN   PORTIONS : 4

500 ml (2 tasses) de bouillon de poulet
à teneur réduite en sodium

250 ml (1 tasse) de riz basmati

1 oignon, haché finement

22,5 ml (1 ½ c. à soupe) d'huile d'olive

3 gousses d'ail, émincées

2,5 ml (½ c. à thé) de cari

Persil, haché, au goût

Sel et poivre au goût

60 ml (¼ tasse) de vin blanc

360 g (13 oz) de morue
(ou autre poisson blanc)

30 ml (2 c. à soupe) de pâte de tomate

190 ml (¾ tasse) de jus de tomate

500 ml (2 tasses) de chou vert,
en morceaux

½ aubergine, en petits dés

1 patate douce, en petits dés

1 petit piment fort, coupé en quatre
ou haché (facultatif)

125 ml (½ tasse) d'eau

- Dans une casserole, porter à ébullition le bouillon de poulet. Ajouter le riz et réduire à feu doux. Cuire environ 30 min.

- Pendant ce temps, dans une casserole, faire revenir l'oignon dans l'huile environ 1 min, puis incorporer l'ail, le cari, le persil, le sel et le poivre. Déglacer au vin blanc.

- Ajouter le poisson, la pâte de tomate et le jus de tomate dans la casserole, et laisser mijoter 10 min.

- Ajouter tous les légumes et l'eau. Laisser bouillir environ 15 min, jusqu'à cuisson.

- Lorsque le riz est prêt, déposer dans une grande assiette de service. Disposer les légumes cuits et la sauce sur le riz, puis le poisson au centre.

Variante
Certains produits utilisés traditionnellement dans la cuisine sénégalaise sont facultatifs car difficiles à trouver ici, mais si vous réussissez à vous les procurer, ils ajouteront un goût plus authentique : ½ igname (remplacera une patate douce), 3 gombos et 5 tamarins (épice qui ressemble à une olive sèche).

PAR PORTION	431 CALORIES	62 g GLUCIDES	26 g PROTÉINES	8 g LIPIDES
		2 LÉGUMES	2 FÉCULENTS	1 VIANDE ET SUBSTITUTS	½ GRAS

Pangasius cari-sésame et salsa exotique

par *Julie Taillefer*, Dt. P., nutritionniste

PRÉPARATION : 15 MIN   CUISSON : 10 MIN   PORTIONS : 4

4 filets de pangasius (environ 680 g
   ou 24 oz) (ou autre poisson blanc)

125 ml (½ tasse) de yogourt nature 0 %

5 ml (1 c. à thé) de cari

60 ml (¼ tasse) de chapelure nature

15 ml (1 c. à soupe) de graines de sésame
   blanc

15 ml (1 c. à soupe) de graines de sésame
   noir

15 ml (1 c. à soupe) d'huile d'olive

Sel et poivre au goût

Salsa exotique

60 ml (¼ tasse) d'ananas, en dés

60 ml (¼ tasse) de papaye, en dés

60 ml (¼ tasse) de poivron rouge, en dés

60 ml (¼ tasse) de poivron vert, en dés

60 ml (¼ tasse) d'oignon rouge, émincé

10 ml (2 c. à thé) de ciboulette, ciselée

10 ml (2 c. à thé) de coriandre, hachée

Jus d'une lime

Sel et poivre au goût

Accompagnez votre poisson de (1 portion)

125 ml (½ tasse) de riz brun, cuit

6 asperges, cuites à la vapeur

- Préchauffer le four à 180 °C (350 °F).
- Préparer la salsa exotique en mélangeant tous les ingrédients dans un bol. Réserver.
- Badigeonner les filets de pangasius d'un mélange composé du yogourt nature et du cari, puis tremper dans une grande assiette remplie de la chapelure, des graines de sésame blanc et des graines de sésame noir.
- Dans une poêle, faire chauffer l'huile. Ajouter les filets. Cuire environ 5 min de chaque côté. Saler et poivrer.
- Servir avec la salsa.

PAR PORTION (incluant l'accompagnement)	411 CALORIES	59 g GLUCIDES	41 g PROTÉINES	8 g LIPIDES

	1 LÉGUME	2 FÉCULENTS	1 ½ VIANDE ET SUBSTITUTS

Riche en oméga-3.

Burritos au veau et au riz

par *Marie-Ann Sallaleh,* Dt. P., nutritionniste

PRÉPARATION : 15 MIN   CUISSON : 30 MIN   PORTIONS : 4

250 ml (1 tasse) d'eau

125 ml (½ tasse) de riz basmati

190 ml (¾ tasse) de maïs congelé

2 échalotes, en rondelles

125 ml (½ tasse) de poivron rouge, en dés

5 ml (1 c. à thé) d'huile d'olive

1 gousse d'ail, émincée

5 ml (1 c. à thé) d'ail en poudre

5 ml (1 c. à thé) de paprika

2,5 ml (½ c. à thé) de cumin moulu

2,5 ml (½ c. à thé) de poudre de chili

200 g (7 oz) de veau haché extra-maigre

Sel et poivre au goût

4 tortillas de blé entier de 7 po

125 ml (½ tasse) de tomates cerises, en dés

80 ml (⅓ tasse) de fromage mozzarella allégé*, râpé

* moins de 20 % m.g.

- Dans une casserole, porter l'eau à ébullition et ajouter le riz. Diminuer le feu à intensité moyen-faible et laisser mijoter environ 30 min. Environ 5 min avant la fin de la cuisson du riz, ajouter le maïs dans la casserole.

- Pendant ce temps, dans une poêle, faire revenir les échalotes et le poivron dans l'huile environ 5 min. Ajouter l'ail, les épices et le veau. Saler, poivrer et bien mélanger. Cuire jusqu'à ce que la viande soit bien cuite, environ 15 min.

- Étendre la garniture sur chaque tortilla, ajouter le mélange de riz et de maïs, les tomates et le fromage. Enrouler la tortilla.

PAR PORTION	414 CALORIES	46 g GLUCIDES	19 g PROTÉINES	10 g LIPIDES
		1 LÉGUME	2 FÉCULENTS	½ VIANDE ET SUBSTITUTS

Poivrons farcis

par *Isabeau Dutil-Bruneau,* Dt. P., nutritionniste

SANS GLUTEN

PRÉPARATION : 15 MIN　CUISSON : 50 MIN　PORTIONS : 4

20 ml (4 c. à thé) d'huile d'olive

2 gousses d'ail, émincées

6 oignons verts, hachés

250 ml (1 tasse) de riz à grains longs

500 ml (2 tasses) d'eau

10 ml (2 c. à thé) d'origan séché

200 g (7 oz) de veau haché maigre

Sel et poivre au goût

250 ml (1 tasse) de tomates, épépinées et hachées

125 ml (½ tasse) de maïs en grains

4 gros poivrons rouges, coupés en deux sur la longueur, les membranes retirées

125 ml (½ tasse) de fromage mozzarella allégé*, râpé

* moins de 20 % m.g.

- Préchauffer le four à 180 °C (350 °F).
- Dans une casserole, chauffer 10 ml (2 c. à thé) d'huile d'olive à feu moyen. Ajouter l'ail et les deux tiers des oignons verts, et cuire 1 min.
- Incorporer le riz et cuire 2 min, en brassant constamment.
- Ajouter l'eau et l'origan et porter à ébullition à feu moyen-vif. Réduire à feu doux, couvrir et laisser mijoter 20 min.
- Pendant ce temps, dans une poêle antiadhésive, ajouter 10 ml (2 c. à thé) d'huile et le veau haché. Saler et poivrer. Cuire environ 8 à 10 min, jusqu'à ce que la viande soit presque cuite.
- Incorporer le riz cuit, les tomates et le maïs. Mélanger. Répartir la garniture dans les demi-poivrons.
- Déposer les poivrons sur une plaque de cuisson recouverte de papier parchemin. Ajouter le fromage et cuire au four 20 min ou jusqu'à ce que les poivrons soient tendres.
- Parsemer du reste des oignons verts avant de servir.

PAR PORTION	405 CALORIES	58 g GLUCIDES	20 g PROTÉINES	12 g LIPIDES
		1 LÉGUME	2 FÉCULENTS	1 VIANDE ET SUBSTITUTS

Pâté chinois nouvelle génération

par *Anne-Julie Girard,* Dt. P., nutritionniste

ZÉRO DIÈTE ◆

| SANS GLUTEN | PRÉPARATION : 15 MIN   CUISSON : 45 MIN   PORTIONS : 5 |

2 pommes de terre moyennes, coupées grossièrement

2 patates douces (environ 440 g ou 16 oz), coupées grossièrement

80 ml (⅓ tasse) de lait 1 %

Sel et poivre au goût

15 ml (1 c. à soupe) d'huile d'olive

1 ½ oignon moyen, émincé

1 gousse d'ail, émincée

2,5 ml (½ c. à thé) de cari

5 ml (1 c. à thé) de curcuma moulu

350 g (12 oz) de veau haché extra-maigre

250 ml (1 tasse) de lentilles en conserve, égouttées et rincées

190 ml (¾ tasse) de maïs en crème en conserve

190 ml (¾ tasse) de maïs en conserve, égoutté

Accompagnez votre pâté chinois de (1 portion)

125 ml (½ tasse) de brocoli, en bouquets, cuit à la vapeur

- Préchauffer le four à 180 °C (350 °F).

- Porter une casserole d'eau à ébullition et cuire les pommes de terre et les patates douces environ 10 min ou jusqu'à ce qu'elles soient tendres. Égoutter et réduire en purée en ajoutant le lait. Saler et poivrer. Réserver.

- Pendant ce temps, dans une poêle, chauffer l'huile et faire sauter l'oignon environ 2 min. Ajouter l'ail, le cari et le curcuma et poursuivre la cuisson encore 2 min.

- Incorporer le veau haché et cuire environ 10 min à feu moyen ou jusqu'à ce que le veau soit bien cuit. Saler et poivrer. Ajouter les lentilles, mélanger et cuire environ 2 min.

- Dans un petit bol, mélanger les deux sortes de maïs. Réserver.

- Dans un plat carré style pyrex de 20 cm (9 po), déposer le mélange de veau et de lentilles, ajouter le maïs puis terminer avec la purée de patates douces et de pommes de terre.

- Cuire au four environ 30 min.

| PAR PORTION (incluant l'accompagnement) | 420 CALORIES | 65 g GLUCIDES | 24 g PROTÉINES | 9 g LIPIDES |

| 1 LÉGUME | 3 FÉCULENTS | 1 VIANDE ET SUBSTITUTS |

Filet de saumon à la dijonnaise avec purée de carottes et céleri-rave

par *Marie-Noël Labbé-Blondeau,* Dt. P., nutritionniste

SANS GLUTEN
(SI UTILISATION DE SAUCE SOYA SANS GLUTEN)

PRÉPARATION : 20 MIN   CUISSON : 30 MIN   PORTIONS : 2

Riz

125 ml (½ tasse) de bouillon de poulet
à teneur réduite en sodium

125 ml (½ tasse) d'eau

125 ml (½ tasse) de riz basmati

Zeste d'une orange, râpé

Saumon

30 ml (2 c. à soupe) de jus de citron

15 ml (1 c. à soupe) de sauce soya
à teneur réduite en sodium

15 ml (1 c. à soupe) de moutarde de Dijon

1 gousse d'ail, hachée finement

15 ml (1 c. à soupe) de gingembre frais, râpé

15 ml (1 c. à soupe) de basilic frais, haché
grossièrement

2 filets de saumon (environ 200 g ou 7 oz)

Sel et poivre au goût

Purée de légumes

500 ml (2 tasses) d'eau

250 ml (1 tasse) de céleri-rave, pelé,
coupé grossièrement

2 grosses carottes, coupées grossièrement

30 ml (2 c. à soupe) de lait écrémé

Sel et poivre au goût

- Préchauffer le four à 220 °C (425 °F).
- Dans une casserole, porter à ébullition le bouillon
  de poulet et l'eau. Ajouter le riz. Cuire environ 30 min.
- Dans un bol, mélanger le jus de citron, la sauce soya,
  la moutarde, l'ail, le gingembre et le basilic. Disposer
  les filets de saumon dans un plat allant au four
  et napper avec la marinade (des deux côtés). Saler
  et poivrer, puis couvrir.
- Cuire au four environ 20 min ou jusqu'à ce que la chair
  se détache facilement à la fourchette.
- Dans une autre casserole, porter l'eau à ébullition
  et faire bouillir le céleri-rave et les carottes.
  Cuire jusqu'à tendreté des légumes, environ 10 min.
  Égoutter. Mettre en purée puis ajouter le lait.
  Saler et poivrer.
- Lorsque le riz est prêt, ajouter le zeste d'orange
  et mélanger.
- Servir le poisson sur le riz, accompagné de la purée
  de légumes.

PAR PORTION	419 CALORIES	58 g GLUCIDES	28 g PROTÉINES	8 g LIPIDES
		2 LÉGUMES	2 FÉCULENTS	1 VIANDE ET SUBSTITUTS

Tilapia citronné avec beurre aux fines herbes

par *Marika Beaulé,* Dt. P., nutritionniste

SANS GLUTEN	PRÉPARATION : 15 MIN CUISSON : 20 MIN PORTIONS : 2

1 citron, en tranches

2 filets de tilapia (environ 250 g ou 9 oz)

Sel et poivre au goût

1,25 ml (¼ c. à thé) de paprika ou paprika fumé

15 ml (1 c. à soupe) de beurre demi-sel, ramolli

10 ml (2 c. à thé) de coriandre fraîche, ciselée

10 ml (2 c. à thé) de basilic frais, haché

1 poivron rouge, en lanières

1 courgette, en lanières

125 ml (½ tasse) de maïs en grains congelé ou en conserve

15 ml (1 c. à soupe) d'huile d'olive

Accompagnez votre tilapia de (1 portion)

125 ml (½ tasse) de riz sauvage, cuit

- Préchauffer le four à 220 °C (425 °F).

- Dans des papillotes d'aluminium, déposer 3 rondelles de citron par portion. Placer les filets de tilapia sur les tranches de citron. Saler, poivrer et saupoudrer de paprika.

- Dans un bol, mélanger le beurre et les fines herbes fraîches. Tartiner le beurre aux fines herbes sur les filets de poisson.

- Refermer les papillotes. Cuire au four jusqu'à ce que la chair du poisson se détache facilement avec une fourchette, environ 20 min.

- Pendant ce temps, dans une poêle, faire griller le poivron rouge, la courgette et le maïs dans l'huile environ 5 min. Saler et poivrer.

- Servir le tilapia sur les légumes.

PAR PORTION (incluant l'accompagnement)	405 CALORIES	39 g GLUCIDES	33 g PROTÉINES	16 g LIPIDES

1 LÉGUME	1 ½ FÉCULENT	1 VIANDE ET SUBSTITUTS	½ GRAS

Pétoncles poêlés sur risotto aux pois verts et asperges

par *Christina Timotheatos,* Dt. P., nutritionniste

SANS GLUTEN	PRÉPARATION : 10 MIN CUISSON : 30 MIN PORTIONS : 4

- 250 ml (1 tasse) de pois verts congelés
- 16 asperges
- 60 ml (¼ tasse) d'échalotes grises, hachées
- 30 ml (2 c. à soupe) d'huile d'olive
- 190 ml (¾ tasse) de riz arborio
- 60 ml (¼ tasse) de vin blanc
- 500 ml (2 tasses) de bouillon de poulet à teneur réduite en sodium
- 60 ml (¼ tasse) de fromage parmesan allégé*, râpé
- 650 g (1 ½ lb) de pétoncles moyens, bien épongés
- Sel et poivre au goût

* moins de 20 % m.g.

- Sortir les pois verts du congélateur pour les faire dégeler. Réserver.

- Blanchir les asperges dans de l'eau bouillante pour qu'elles soient al dente.

- Dans une casserole, faire revenir les échalotes dans 15 ml (1 c. à soupe) d'huile d'olive. Ajouter le riz et cuire 1 min à feu moyen-élevé, en remuant constamment.

- Déglacer avec le vin blanc et réduire de moitié. Baisser le feu à moyen et ajouter le bouillon de poulet, environ 60 ml (¼ tasse) à la fois, en remuant constamment. Après environ 25 min, le riz est prêt.

- Ajouter le fromage et les pois verts. Couvrir et réserver à feu doux.

- Dans une poêle, cuire les pétoncles dans 15 ml (1 c. à soupe) d'huile d'olive à feu élevé jusqu'à ce qu'ils soient dorés (environ 2-3 min). Saler et poivrer.

- Servir les pétoncles sur le risotto.

PAR PORTION	434 CALORIES	43 g GLUCIDES	38 g PROTÉINES	11 g LIPIDES
		1 LÉGUME	1 ½ FÉCULENT	1 ½ VIANDE ET SUBSTITUTS	½ GRAS

Poisson pané à la cajun

par *Jade Bégin-Desplantie*, Dt. P., nutritionniste

PRÉPARATION : 15 MIN   CUISSON : 30 MIN   PORTIONS : 2

250 ml (1 tasse) d'eau

125 ml (½ tasse) de riz basmati

250 ml (1 tasse) de céréales Bran Flakes

1,25 ml (¼ c. à thé) de sel de table

5 ml (1 c. à thé) de paprika

2,5 ml (½ c. à thé) de romarin séché

2,5 ml (½ c. à thé) de graines de moutarde

1 pincée de piment de Cayenne

2,5 ml (½ c. à thé) de poudre de chili

2,5 ml (½ c. à thé) de cumin moulu

2 filets de poisson blanc
(environ 180 g ou 6 oz)

1 œuf, battu

2 tranches de citron frais

Salade orange et canneberges

15 ml (1 c. à soupe) d'huile d'olive

7,5 ml (½ c. à soupe) de vinaigre balsamique

5 ml (1 c. à thé) de moutarde de Dijon

500 ml (2 tasses) de laitue frisée,
déchiquetée

1 orange, en suprêmes

15 ml (1 c. à soupe) de canneberges séchées

Sel et poivre au goût

- Placer la grille du four au niveau le plus bas. Préchauffer le four à 180 °C (350 °F). Recouvrir une plaque de cuisson de papier parchemin. Réserver.

- Dans une casserole, porter l'eau à ébullition. Ajouter le riz et réduire à feu doux. Cuire environ 30 min.

- Pendant ce temps, écraser les céréales dans un sac hermétique ou au robot culinaire afin d'obtenir une chapelure grossière.

- Y ajouter le sel, le paprika, le romarin, les graines de moutarde, le piment de Cayenne, la poudre de chili et le cumin. Mélanger.

- Tremper les filets de poisson dans l'œuf battu et enrober de chapelure. Déposer sur la plaque de cuisson.

- Cuire au four environ 15 min.

- Préparer la salade. Fouetter l'huile, le vinaigre et la moutarde.

- Dans un grand bol, combiner la laitue, l'orange et les canneberges. Saler et poivrer.

- Ajouter la vinaigrette au mélange.

- Servir un filet entier accompagné d'une tranche de citron.

PAR PORTION	422 CALORIES	59 g GLUCIDES	27 g PROTÉINES	12 g LIPIDES

2 LÉGUMES	½ FRUIT	2 FÉCULENTS	1 VIANDE ET SUBSTITUTS	½ GRAS

Saumon caramélisé au sirop d'érable

par *Jennifer Ong Tone,* Dt. P., nutritionniste

SANS GLUTEN
(SI UTILISATION DE SAUCE SOYA SANS GLUTEN)

PRÉPARATION : 5 MIN CUISSON : 20 MIN
MACÉRATION : 30 MIN PORTIONS : 4

45 ml (3 c. à soupe) de sirop d'érable

15 ml (1 c. à soupe) de sauce soya à teneur réduite en sodium

1 gousse d'ail, émincée

15 ml (1 c. à soupe) de gingembre frais, émincé

1 pincée de poivre noir moulu

500 g (1 lb) de saumon sans la peau, coupé en quatre portions

Accompagnez votre saumon de (1 portion)

250 ml (1 tasse) de bok choy miniature, coupé grossièrement, légèrement saisi à la poêle

190 ml (¾ tasse) de riz brun, cuit

- Préchauffer le four à 200 °C (400 °F).

- Dans un grand bol, mélanger le sirop d'érable, la sauce soya, l'ail, le gingembre et le poivre. Ajouter le saumon et bien enrober chaque morceau. Couvrir le plat et laisser mariner le saumon au réfrigérateur 30 min.

- Sur une plaque de cuisson recouverte d'un papier parchemin, déposer le saumon et cuire 20 min, ou jusqu'à ce que la chair se défasse facilement avec une fourchette.

PAR PORTION (incluant l'accompagnement)	419 CALORIES	51 g GLUCIDES	32 g PROTÉINES	10 g LIPIDES

	1 LÉGUME	1 ½ FÉCULENT	1 VIANDE ET SUBSTITUTS	1 SUCRE

Sauté de porc au lait de coco

par *Isabeau Dutil-Bruneau,* Dt.P., nutritionniste

SANS GLUTEN	PRÉPARATION : 20 MIN	CUISSON : 15 MIN
	MACÉRATION : 30 MIN	PORTIONS : 6

125 ml (½ tasse) de vinaigre de riz

30 ml (2 c. à soupe) de sucre de canne

60 ml (¼ tasse) de jus de lime

15 ml (1 c. à soupe) de pâte de cari rouge

540 g (1 ¼ lb) de filets de porc, en dés

15 ml (1 c. à soupe) d'huile d'olive

250 ml (1 tasse) de carottes, en julienne

1 paquet de 227 g (8 oz) de champignons, tranchés

200 ml (environ ¾ tasse) de lait de coco allégé

15 ml (1 c. à soupe) de sauce de poisson

1 paquet de 250 g (9 oz) de vermicelles de riz

250 ml (1 tasse) de fèves germées

60 ml (¼ tasse) d'oignons verts, hachés

60 ml (¼ tasse) de coriandre fraîche, hachée

60 ml (¼ tasse) d'arachides grillées, hachées

- Dans un grand bol, mélanger le vinaigre, le sucre, le jus de lime et la pâte de cari. Ajouter le porc et mélanger pour bien enrober. Laisser mariner au réfrigérateur 30 min.

- Retirer le porc de la marinade et la réserver.

- Dans un wok (ou une grande poêle), faire sauter le porc dans 10 ml (2 c. à thé) d'huile à feu moyen-vif et cuire jusqu'à ce qu'il soit doré. Réserver.

- Chauffer le reste de l'huile dans le wok. Incorporer les carottes et les champignons et cuire jusqu'à ce qu'ils soient bien dorés.

- Ajouter la marinade réservée, le lait de coco et la sauce de poisson. Porter à ébullition puis réduire le feu et laisser mijoter 1 min.

- Cuire les vermicelles de riz selon les indications figurant sur l'emballage.

- Ajouter la viande, les fèves germées et l'oignon vert à la sauce et poursuivre la cuisson 2 min.

- Servir le sauté sur les vermicelles de riz et garnir chaque portion de coriandre fraîche et d'arachides grillées.

PAR PORTION	420 CALORIES	56 g GLUCIDES	28 g PROTÉINES	10 g LIPIDES
	2 LÉGUMES	1 ½ FÉCULENT	1 VIANDE ET SUBSTITUTS	½ GRAS

Tartare de saumon aux canneberges, pistaches et orange

par *Tracy Frem,* Dt. P., nutritionniste

| SANS GLUTEN | PRÉPARATION : 20 MIN   PORTIONS : 4 | |

20 tiges de ciboulette, hachées

100 ml (environ ⅓ tasse) de pistaches rôties, hachées grossièrement

60 ml (¼ tasse) de canneberges séchées, hachées

625 ml (2 ½ tasses) de roquette (arugula)

Suprêmes d'une orange, coupés finement

Jus d'une demi-orange et zeste, râpé

30 ml (2 c. à soupe) d'huile d'olive

15 ml (1 c. à soupe) de miel

360 g (13 oz) de saumon frais, sans la peau, en petits dés

Sel et poivre au goût

5 ml (1 c. à thé) de vinaigre balsamique

Accompagnez votre tartare de (1 portion)

3 tranches de pain baguette, grillées (ou pain/craquelins sans gluten)

- Dans un bol, mélanger la ciboulette, les pistaches, les canneberges, 125 ml (½ tasse) de roquette hachée, les suprêmes d'orange, le jus d'orange et son zeste, 15 ml (1 c. à soupe) d'huile et le miel.

- Ajouter le saumon. Saler et poivrer au goût.

- Dans un autre bol, ajouter le reste de roquette. Arroser de 15 ml (1 c. à soupe) d'huile d'olive et du vinaigre balsamique. Vérifier l'assaisonnement. Mélanger.

- Répartir le tartare sur quatre assiettes et déposer 125 ml (½ tasse) de la salade de roquette sur le dessus.

PAR PORTION (incluant l'accompagnement)	426 CALORIES	37 g GLUCIDES	27 g PROTÉINES	21 g LIPIDES
	2 LÉGUMES	½ FRUIT	1 FÉCULENT	1 VIANDE ET SUBSTITUTS	1 GRAS

Bonne source d'oméga-3, de fer et de vitamine C.

Tartare de thon
avec mousse à l'avocat

par *Christina Timotheatos,* Dt. P., nutritionniste

SANS GLUTEN
(SI UTILISATION DE SAUCE SOYA SANS GLUTEN)

PRÉPARATION : 20 MIN   PORTIONS : 4

1 oignon vert, haché finement

45 ml (3 c. à soupe) de feuilles
de coriandre fraîche, hachées

15 ml (1 c. à soupe) de sauce soya
à teneur réduite en sodium

15 ml (1 c. à soupe) de jus de lime

Zeste d'une demi-lime, râpé

5 ml (2 c. à thé) d'huile d'olive
+ un peu pour le service

2,5 ml (½ c. à thé) d'huile de sésame

454 g (1 lb) de thon rouge frais,
en petits dés

1 mangue, pelée, en petits dés

Sel

15 ml (1 c. à soupe) de graines de sésame
grillées

125 ml (½ tasse) de mini-roquette

Mousse d'avocat

1 avocat mûr, pelé, dénoyauté, en morceaux

45 ml (3 c. à soupe) de jus de lime

15 ml (1 c. à soupe) de miel

Sel et poivre noir fraîchement moulu
au goût

Accompagnez votre tartare de (1 portion)

6 croûtons de baguette française coupée en fines tranches,
grillés au four (ou pain/craquelins sans gluten)

- Dans un grand bol, mélanger l'oignon vert,
la coriandre, la sauce soya, le jus et le zeste de lime,
l'huile d'olive et l'huile de sésame. Ajouter le thon et la
mangue, puis mélanger délicatement. Saler et réserver
au réfrigérateur.

- Pour la mousse d'avocat, dans un robot culinaire,
mélanger tous les ingrédients jusqu'à consistance
homogène.

- Dans chaque assiette, à l'aide d'un emporte-pièce,
dresser le tartare. Y déposer le mélange de thon puis
la mousse d'avocat. Parsemer de graines de sésame.
Garnir de mini-roquette et arroser d'un filet d'huile
d'olive.

- Retirer l'emporte-pièce et servir.

PAR PORTION (incluant l'accompagnement)	415 CALORIES	40 g GLUCIDES	31 g PROTÉINES	15 g LIPIDES
		½ FRUIT 1 FÉCULENT	1 VIANDE ET SUBSTITUTS	1 GRAS

Filet de morue avec réduction au balsamique

par *Marie-Noël Labbé-Blondeau*, Dt. P., nutritionniste

SANS GLUTEN

PRÉPARATION : 10 MIN   CUISSON : 30 MIN   PORTIONS : 2

1 patate douce, en rondelles
1 poivron vert, en gros morceaux
30 ml (2 c. à soupe) d'huile d'olive
1 oignon vert, émincé
1 gousse d'ail, émincée
½ poivron rouge, en dés
10 ml (2 c. à thé) de vinaigre balsamique
1 petite tomate fraîche, en dés
5 ml (1 c. à thé) de sirop d'érable
300 g (11 oz) de filets de morue
10 ml (2 c. à thé) de moutarde de Meaux
Sel et poivre au goût

- Préchauffer le four à 180 °C (350 °F).

- Sur une plaque de cuisson, déposer la patate douce, le poivron vert et badigeonner de 15 ml (1 c. à soupe) d'huile. Cuire environ 20 min.

- Dans une petite poêle, chauffer le restant d'huile à feu moyen et y cuire l'oignon, l'ail et le poivron rouge 2 min. Déglacer avec le vinaigre, laisser réduire quelques secondes. Ajouter les tomates et le sirop d'érable. Poursuivre la cuisson à feu doux, en brassant de temps en temps, pendant 10 min.

- Mettre les filets sur une plaque de cuisson recouverte de papier d'aluminium et badigeonner de moutarde de Meaux. Cuire au four environ 12 min.

- Au moment de servir, disposer les filets de poisson sur des assiettes, les napper de sauce et accompagner des légumes.

PAR PORTION	408 CALORIES	37 g GLUCIDES	32 g PROTÉINES	16 g LIPIDES
	3 LÉGUMES	1 FÉCULENT	1 VIANDE ET SUBSTITUTS	½ GRAS

Filet de porc aux poires et au cheddar fort

par *Jessica Marchand,* Dt. P., nutritionniste

SANS GLUTEN

PRÉPARATION : 15 MIN CUISSON : 35 MIN PORTIONS : 6

600 g (21 oz) de filets de porc

1 poire, en lanières

100 g (4 oz) de fromage cheddar fort, en fines lanières

Sel et poivre au goût

15 ml (1 c. à soupe) d'huile d'olive

1 oignon moyen, haché finement

125 ml (½ tasse) de vin blanc sec

Accompagnez votre filet de porc de (1 portion)

6 asperges, cuites à la vapeur

250 ml (1 tasse) de riz sauvage, cuit

- Préchauffer le four à 180 °C (350 °F).

- Faire une incision en longueur dans le filet de porc et farcir avec la moitié des tranches de poire et toute la quantité de fromage. Refermer et ficeler le tout. Saler et poivrer.

- Dans une poêle antiadhésive, saisir le filet de porc dans l'huile 2 min de chaque côté. Déposer le filet de porc dans un plat allant au four.

- Dans la même poêle, faire caraméliser l'oignon et les tranches de poire restantes pendant environ 8 min. Réserver. Déglacer le fond de la poêle avec le vin blanc et laisser réduire de moitié.

- Verser la réduction ainsi que le mélange d'oignon et de poire sur le filet de porc.

- Enfourner environ 30 min, jusqu'à cuisson rosée (70 °C ou 160 °F) ou bien cuite (77 °C ou 170 °F).

- Couper le filet de porc en tranches et servir nappé de la sauce restante.

Saviez-vous que...
la viande de porc contient de nombreux minéraux essentiels (zinc, sélénium, etc.) et des vitamines du complexe B (particulièrement de la vitamine B_1, nommée thiamine) servant à la production d'énergie dans le corps ? De plus, le filet de porc est considéré comme une viande maigre, car il comporte seulement 3,5 % de gras.

PAR PORTION (incluant l'accompagnement)	413 CALORIES	47 g GLUCIDES	35 g PROTÉINES	10 g LIPIDES
		1 LÉGUME	2 FÉCULENTS	1 VIANDE ET SUBSTITUTS

Porc à la moutarde

par *Marie Rached,* Dt. P., M. Sc., nutritionniste

PRÉPARATION : 5 MIN   CUISSON : 17 MIN   PORTIONS : 2

200 g (7 oz) de côtes de porc, dégraissées

Sel et poivre au goût

60 ml (¼ tasse) de farine de blé entier

15 ml (1 c. à soupe) d'huile d'olive

15 ml (1 c. à soupe) de graines
de moutarde

15 ml (1 c. à soupe) de moutarde de Dijon

30 ml (2 c. à soupe) de sauce soya à
teneur réduite en sodium

30 ml (2 c. à soupe) de sirop d'érable

**Accompagnez votre porc
de (1 portion)**

6 asperges, grillées au four

½ tomate, tranchée

- Préchauffer le four à 180 °C (350° F).
- Saler et poivrer la viande.
- Enrober les côtes de porc dans la farine.
- Chauffer l'huile dans une poêle antiadhésive et saisir
le porc 2 min de chaque côté.
- Déposer les côtes de porc dans un plat allant au four.
Cuire au four environ 10 min.
- Pendant ce temps, dans un petit bol, mélanger les
graines de moutarde, la moutarde de Dijon, la sauce
soya et le sirop d'érable.
- Verser la sauce sur le porc et remettre au four 5 min
ou jusqu'à la cuisson désirée.

PAR PORTION (incluant l'accompagnement)	401 CALORIES	38 g GLUCIDES	30 g PROTÉINES	15 g LIPIDES	
	3 LÉGUMES	½ FÉCULENT	1 VIANDE ET SUBSTITUTS	½ GRAS	1 SUCRE

Manicotti sauce rosée avec salade de chou crémeuse

par *Marie-Ann Sallaleh,* Dt. P., nutritionniste

PRÉPARATION : 20 MIN CUISSON : 1 H 10 PORTIONS : 4

8 manicotti

1 ½ oignon moyen, haché finement

10 ml (2 c. à thé) d'huile d'olive

3 gousses d'ail, émincées

398 ml (14 oz ou 1 boîte) de sauce tomate

5 ml (1 c. à thé) d'origan séché

5 ml (1 c. à thé) de basilic séché

Sel et poivre au goût

30 ml (2 c. à soupe) de fromage parmesan, râpé

125 ml (½ tasse) de crème 15 %

250 g (9 oz) de veau haché extra-maigre

6 champignons, hachés

30 ml (2 c. à soupe) de chapelure italienne

190 ml (¾ tasse) de fromage mozzarella allégé*, râpé

* moins de 20 % m.g.

Salade de chou crémeuse

1 pomme verte, en julienne

Jus d'un demi-citron

½ sac de salade de chou préparée

15 ml (1 c. à soupe) de canneberges séchées

½ oignon vert, émincé

7,5 ml (½ c. à soupe) de graines de céleri

Vinaigrette

60 ml (¼ tasse) de yogourt nature 0 %

30 ml (2 c. à soupe) de vinaigre de cidre

7,5 ml (½ c. à soupe) de miel

Sel et poivre au goût

- Cuire les manicotti. Égoutter et réserver.
- Dans une casserole, faire revenir ½ oignon dans 5 ml (1 c. à thé) d'huile. Ajouter 2 gousses d'ail, la sauce tomate, l'origan, le basilic et laisser mijoter 5 min. Saler et poivrer. Ajouter le parmesan et la crème.
- Dans une poêle, faire sauter le reste de l'oignon dans 5 ml d'huile. Ajouter l'ail restant, puis le veau haché et les champignons. Cuire jusqu'à ce que le veau perde sa couleur rosée. Saler, poivrer et laisser mijoter 10 min, puis ajouter 190 ml (¾ tasse) de sauce rosée et la chapelure. Farcir les manicotti.
- Mettre un peu de sauce au fond d'un plat de cuisson. Placer les manicotti les uns à côté des autres. Couvrir avec le reste de la sauce et parsemer de fromage. Gratiner au four environ 50 min.
- Pendant ce temps, dans un petit bol, fouetter les ingrédients de la vinaigrette.
- Dans un saladier, mélanger les pommes avec le jus de citron, puis ajouter les ingrédients de la salade. Incorporer la vinaigrette. Réfrigérer avant de servir.

PAR PORTION	440 CALORIES	46 g GLUCIDES	28 g PROTÉINES	18 g LIPIDES
	2 ½ LÉGUMES	¼ FRUIT	1 FÉCULENT	1 VIANDE ET SUBSTITUTS	1 GRAS

Fusilli aux crevettes et pesto de tomates séchées et poivrons rouges

par *Marie-Josée Cabana*, Dt. P., nutritionniste

PRÉPARATION : 15 MIN   CUISSON : 20 MIN   PORTIONS : 4

- 300 g (11 oz) de fusilli multigrains
- 1 poivron rouge, en gros morceaux
- 30 ml (2 c. à soupe) d'huile d'olive
- 125 ml (½ tasse) de tomates séchées dans l'huile, égouttées
- 1 gousse d'ail, émincée
- 15 ml (1 c. à soupe) de noix de pin
- 8 feuilles de basilic, hachées
- 5 ml (1 c. à thé) d'origan séché
- 30 ml (2 c. à soupe) de fromage parmesan allégé*, râpé
- 1 courgette, en tranches
- Sel et poivre au goût
- 250 ml (1 tasse) de crevettes cuites, décongelées

* moins de 20 % m.g.

- Remplir une casserole d'eau, porter à ébullition et cuire les pâtes selon les indications figurant sur l'emballage.

- Pendant ce temps, dans une poêle, faire sauter la moitié du poivron rouge dans 5 ml (1 c. à thé) d'huile.

- Dans un robot culinaire, réduire en un mélange homogène le poivron sauté, les tomates séchées, l'ail, les noix de pin, le basilic, l'origan, 20 ml (4 c. à thé) d'huile d'olive et le parmesan.

- Dans la même poêle, faire sauter l'autre moitié du poivron rouge et la courgette avec 5 ml (1 c. à thé) d'huile d'olive. Saler et poivrer. Cuire environ 10 min à feu moyen. À la dernière minute, ajouter les crevettes pour les réchauffer.

- Lorsque les pâtes sont prêtes, réserver un quart de l'eau de cuisson, mélanger le pesto avec les pâtes égouttées, puis ajouter l'eau de cuisson. Bien mélanger dans la casserole et faire réchauffer le mélange.

- Garnir des légumes et des crevettes sautés.

PAR PORTION	445 CALORIES	61 g GLUCIDES	21 g PROTÉINES	13 g LIPIDES
	2 LÉGUMES	2 ½ FÉCULENTS	½ VIANDE ET SUBSTITUTS	1 GRAS

Lasagne épinards et ricotta

par *Marie-Ann Sallaleh,* Dt. P., nutritionniste

VÉGÉTARIEN

PRÉPARATION : 20 MIN   CUISSON : 40 MIN   PORTIONS : 5

12 pâtes à lasagne

10 champignons, en tranches

10 ml (2 c. à thé) d'huile d'olive

1 œuf

300 g (11 oz) de fromage ricotta allégé*

300 g (11 oz) d'épinards

Sel et poivre au goût

687 ml (2 ¾ tasses) de sauce tomate

100 ml (environ ⅓ tasse) de fromage mozzarella allégé*, râpé

100 ml (environ ⅓ tasse) de fromage parmesan, râpé

* moins de 20 % m.g.

Accompagnez votre lasagne de (1 portion)

125 ml (½ tasse) de concombre, tranché

4 bâtonnets de carotte

- Préchauffer le four à 180 °C (350 °F).
- Remplir une casserole d'eau, porter à ébullition et cuire les pâtes selon les indications figurant sur l'emballage. Égoutter et réserver.
- Pendant ce temps, dans une poêle, faire sauter les champignons dans l'huile.
- Dans un bol, mélanger l'œuf, le fromage ricotta et les épinards. Saler et poivrer.
- Dans un plat de cuisson rectangulaire, répartir 60 ml (¼ tasse) de sauce tomate. Couvrir d'un rang de pâtes. Ajouter le mélange d'épinards et les champignons sautés. Répéter les étapes.
- Ajouter les fromages sur le dessus de la lasagne.
- Cuire au four 40 min.

PAR PORTION (incluant l'accompagnement)	409 CALORIES	52 g GLUCIDES	24 g PROTÉINES	14 g LIPIDES
		2 ½ LÉGUMES	1 ½ FÉCULENT	½ VIANDE ET SUBSTITUTS

Teneur élevée en calcium, manganèse, phosphore, potassium, riboflavine et sélénium, et teneur très élevée en vitamines A et C.

Penne au pesto et aux légumes

par *Jessica LeBlanc-Chevarie,* Dt. P., nutritionniste

VÉGÉTARIEN

PRÉPARATION : 15 MIN   CUISSON : 15 MIN   PORTIONS : 4

- 300 g (11 oz) de penne de blé entier
- 15 ml (1 c. à soupe) d'huile d'olive
- ½ poivron vert, épépiné, en dés
- ½ poivron rouge, épépiné, en dés
- 1 courgette, en rondelles
- Sel et poivre au goût
- 2 gousses d'ail, hachées
- 500 ml (2 tasses) de brocoli, en bouquets, cuit à la vapeur
- 30 ml (2 c. à soupe) de pesto au basilic
- 125 ml (½ tasse) de fromage parmesan, râpé
- 8 feuilles de basilic frais, hachées finement

- Remplir une casserole d'eau, porter à ébullition et cuire les pâtes selon les indications figurant sur l'emballage.

- Dans une autre casserole, chauffer l'huile et ajouter les poivrons et la courgette. Cuire environ 8 min en remuant. Saler et poivrer. Incorporer l'ail et cuire 1 min.

- Ajouter le brocoli et le pesto, mélanger et cuire 1 min en remuant.

- Incorporer les pâtes (égouttées) et réchauffer le mélange.

- Garnir de fromage et de feuilles de basilic.

PAR PORTION	430 CALORIES	65 g GLUCIDES	19 g PROTÉINES	14 g LIPIDES

	1 LÉGUME	3 FÉCULENTS	1 GRAS

Teneur élevée en fibres et en vitamine C.

Mijoté d'agneau avec sauce yogourt, lime et coriandre

par *Maude Fournier,* Dt. P., nutritionniste

SANS GLUTEN PRÉPARATION : 15 MIN CUISSON : 1 H 10 PORTIONS : 4

1 gros oignon, en dés

3 échalotes grises, émincées

4 gousses d'ail, émincées

15 ml (1 c. à soupe) d'huile d'olive

400 g (14 oz) de cubes d'agneau

250 ml (1 tasse) de bouillon de poulet
à teneur réduite en sodium

Sel et poivre au goût

Légume d'accompagnement

1 bulbe de fenouil, tranché

15 ml (1 c. à soupe) d'huile d'olive

1 gousse d'ail, pressée

Sauce au yogourt

500 ml (2 tasses) de yogourt nature 0 %

60 ml (¼ tasse) de coriandre fraîche,
hachée

60 ml (¼ tasse) de persil frais, haché

Zeste d'une lime, râpé

Accompagnez votre mijoté de (1 portion)

125 ml (½ tasse) de semoule de blé (couscous), cuite
(ou option sans gluten, comme du riz ou du quinoa)

- Dans une casserole, faire revenir l'oignon,
les échalotes et l'ail dans l'huile pendant 2 min.
Ajouter les cubes d'agneau, les griller rapidement
de tous les côtés, puis ajouter le bouillon de poulet,
le sel et le poivre. Couvrir puis laisser mijoter
environ 1 h.

- Dans un bol, mélanger le yogourt, la coriandre,
le persil et le zeste de lime. Réserver.

- Pour le légume d'accompagnement, mélanger l'huile
avec l'ail et badigeonner les tranches de fenouil.
Cuire le fenouil au four à 180 °C (350 °F) durant
les 15 dernières minutes de cuisson de l'agneau.

- Incorporer le mélange de yogourt à l'agneau au
moment de servir.

PAR PORTION (incluant l'accompagnement)	436 CALORIES	46 g GLUCIDES	34 g PROTÉINES	13 g LIPIDES
	1 LÉGUME	1 FÉCULENT	1 LAIT ET SUBSTITUTS	1 VIANDE ET SUBSTITUTS	½ GRAS

Pain aux lentilles
par *Marie-Ève Labrecque-Tremblay,* Dt. P., nutritionniste

VÉGÉTARIEN	PRÉPARATION : 20 MIN CUISSON : 50 MIN PORTIONS : 6

125 ml (½ tasse) d'oignon, haché finement

5 champignons, tranchés

30 ml (2 c. à soupe) d'huile d'olive

500 ml (2 tasses) de lentilles en conserve, bien rincées

375 ml (1 ½ tasse) de fromage cheddar allégé*, râpé

125 ml (½ tasse) de chapelure à l'italienne

1 œuf, légèrement battu

45 ml (3 c. à soupe) de lait écrémé

30 ml (2 c. à soupe) de persil italien frais, haché

Poivre au goût

* moins de 20 % m.g.

Sauce tomate

30 ml (2 c. à soupe) de sucre de canne

5 ml (1 c. à thé) de moutarde sèche

215 ml (7 oz ou 1 boîte) de sauce tomate

Accompagnez votre tranche de pain de (1 portion)

125 ml (½ tasse) de haricots verts, bouillis

125 ml (½ tasse) de riz basmati, cuit

- Préchauffer le four à 180 °C (350 °F).

- Dans une poêle, faire revenir les oignons et les champignons dans l'huile. Réserver.

- Mélanger tous les ingrédients restants du pain aux lentilles et incorporer les oignons et les champignons. Mélanger, puis verser dans un moule à pain antiadhésif.

- Dans un petit bol, mélanger les ingrédients de la sauce tomate, puis ajouter la sauce sur le dessus du pain.

- Recouvrir de papier d'aluminium et cuire au four 50 min.

- Laisser reposer et couper en 6 tranches.

PAR PORTION (incluant l'accompagnement)	396 CALORIES	53 g GLUCIDES	20 g PROTÉINES	13 g LIPIDES
	2 LÉGUMES	2 FÉCULENTS	½ VIANDE ET SUBSTITUTS	½ GRAS

Pain aux légumes

par *Émilie Simoneau,* Dt. P., nutritionniste

VÉGÉTARIEN PRÉPARATION : 25 MIN   CUISSON : 50 MIN   PORTIONS : 6

250 ml (1 tasse) de carottes, râpées

1 oignon, haché

1 poivron rouge, haché

1 branche de céleri, hachée

½ tasse de champignons, hachés

250 ml (1 tasse) de riz, cuit

125 ml (½ tasse) de flocons d'avoine

250 ml (1 tasse) de farine de blé entier

6 œufs, battus

60 ml (¼ tasse) d'huile d'olive

100 ml (environ ⅓ tasse) de fromage mozzarella allégé*, râpé

60 ml (¼ tasse) de sauce chili

2,5 ml (½ c. à thé) de basilic séché

2,5 ml (½ c. à thé) d'origan séché

2,5 ml (½ c. à thé) de quatre-épices

* moins de 20 % m.g.

Sauce tomate

½ oignon, haché finement

1 gousse d'ail, hachée finement

5 ml (1 c. à thé) d'huile d'olive

½ boîte (398 ml ou 14 oz) de tomates entières

- Préchauffer le four à 180 °C (350 °F).

- Dans un grand bol, mélanger tous les ingrédients du pain.

- Mettre le mélange dans un moule à pain antiadhésif et cuire environ 50 min.

- Pendant ce temps, préparer la sauce tomate. Dans une casserole, faire cuire l'oignon avec l'ail dans l'huile à feu moyen sans les faire dorer. Ajouter les tomates. Remuer et porter à ébullition. Laisser mijoter doucement environ 30 min.

- Couper le pain aux légumes en 6 tranches et les napper de la sauce tomate.

PAR PORTION	414 CALORIES	51 g GLUCIDES	16 g PROTÉINES	17 g LIPIDES
	2 LÉGUMES	2 FÉCULENTS	1 VIANDE ET SUBSTITUTS	1 GRAS

Pizza méditerranéenne

par *Sarah Le,* Dt. P., nutritionniste

VÉGÉTARIEN	PRÉPARATION : 10 MIN CUISSON : 10 MIN PORTIONS : 4

60 ml (¼ tasse) de pesto au basilic

125 ml (½ tasse) de fromage ricotta 1 %

4 pains pitas de blé entier de 7 po

500 ml (2 tasses) d'épinards frais

60 g (2 oz) de fromage de chèvre, émietté

60 ml (¼ tasse) d'olives noires, tranchées

125 ml (½ tasse) de tomates cerises,
coupées en deux

125 ml (½ tasse) de fromage mozzarella
allégé*, râpé

* moins de 20 % m.g.

- Préchauffer le four à 190 °C (375 °F).

- Dans un petit bol, mélanger le pesto au basilic
et le fromage ricotta.

- Déposer les pitas sur une plaque à cuisson allant
au four.

- Sur chaque pita, étendre par couches la sauce
au pesto et fromage ricotta, les épinards,
le fromage de chèvre, les olives, les tomates cerises
et la mozzarella.

- Faire cuire environ 10 min, ou jusqu'à ce que
le fromage soit légèrement doré.

PAR PORTION	407 CALORIES	41 g GLUCIDES	19 g PROTÉINES	21 g LIPIDES
	1 LÉGUME	2 FÉCULENTS	½ VIANDE ET SUBSTITUTS	1 GRAS

Riche en calcium.

Pizza toute garnie végé !

par *Myriame Lachance,* Dt. P., nutritionniste

VÉGÉTARIEN

PRÉPARATION : 10 MIN   CUISSON : 10 MIN   PORTIONS : 2

10 ml (2 c. à thé) de pâte de tomate

100 ml (environ ⅓ tasse) de sauce tomate

10 ml (2 c. à thé) d'ail, émincé

5 ml (1 c. à thé) de basilic séché

5 ml (1 c. à thé) d'origan séché

2 pains pitas de blé entier de 7 po

1 courgette, en tranches minces

10 champignons, en tranches minces

32 tranches de simili-pepperoni
(à base de soya)

125 ml (½ tasse) de fromage mozzarella
allégé*, râpé

1 poivron rouge, en minces lanières

* moins de 20 % m.g.

- Préchauffer le four à 200 °C (400 °F).

- Dans un bol, mélanger la pâte de tomate, la sauce tomate, l'ail et les herbes.

- Étendre le mélange de sauce sur les pains pitas et garnir de courgette, de champignons et de simili-pepperoni. Recouvrir de fromage et terminer avec le poivron rouge.

- Cuire au four environ 10 min.

PAR PORTION	416 CALORIES	59 g GLUCIDES	34 g PROTÉINES	9 g LIPIDES
		3 LÉGUMES	2 FÉCULENTS	1 VIANDE ET SUBSTITUTS

Chili végétarien

par *Sabrina D'Amore,* Dt. P., nutritionniste

VÉGÉTARIEN, SANS GLUTEN

PRÉPARATION : 15 MIN   CUISSON : 40 MIN   PORTIONS : 4

15 ml (1 c. à soupe) d'huile d'olive

4 gousses d'ail, hachées

1 moyen oignon, finement haché

2 grosses carottes, hachées

2 branches de céleri, hachées

500 ml (2 tasses) de pois chiches,
   rincés et égouttés

250 ml (1 tasse) de haricots rouges,
   rincés et égouttés

500 ml (2 tasses) de sauce tomate

15 ml (1 c. à soupe) de pâte de tomate

10 ml (2 c. à thé) de cumin séché

10 ml (2 c. à thé) de paprika

2,5 ml (½ c. à thé) de piment
   de Cayenne

1 pincée de piment en flocons

2,5 ml (½ c. à thé) de poudre de chili

10 ml (2 c. à thé) de coriandre fraîche

5 ml (1 c. à thé) d'origan séché

125 ml (½ tasse) de poivron rouge,
   en petits dés

125 ml (½ tasse) de poivron vert,
   en petits dés

500 ml (2 tasses) d'eau

120 g (4 oz) de fromage feta allégé*, émietté

* moins de 20 % m.g.

- Dans une casserole, chauffer l'huile à feu moyen.
- Ajouter l'ail, l'oignon, les carottes et le céleri
  et cuire 10 min.
- Incorporer les pois chiches et les haricots.
  Cuire 5 min en remuant de temps en temps.
- Ajouter la sauce tomate, la pâte de tomate,
  les épices, les herbes, les poivrons rouge et vert,
  remuer et laisser cuire environ 10 min.
- Couvrir d'eau et laisser mijoter à feu doux jusqu'à ce
  que les légumes soient tendres.
- Parsemer le chili de fromage feta au moment de servir.

PAR PORTION	418 CALORIES	62 g GLUCIDES	19 g PROTÉINES	13 g LIPIDES
		2 LÉGUMES	3 FÉCULENTS	½ VIANDE ET SUBSTITUTS

Riz épicé à la mexicaine

par *Claudia Pitre,* Dt. P., nutritionniste

VÉGÉTARIEN, SANS GLUTEN

PRÉPARATION : 10 MIN   CUISSON : 35 MIN   PORTIONS : 4

15 ml (1 c. à soupe) d'huile d'olive

½ oignon, haché finement

5 ml (1 c. à thé) d'origan

5 ml (1 c. à thé) de cumin

5 ml (1 c. à thé) de poudre de chili

250 ml (1 tasse) de riz basmati

500 ml (2 tasses) de bouillon de légumes
à teneur réduite en sodium

440 ml (1 ¾ tasse) de tomates, en dés,
dans leur jus

250 ml (1 tasse) de haricots rouges,
égouttés et rincés

Sel et poivre au goût

Tabasco au goût

4 branches de coriandre, hachées

**Accompagnez votre riz
de (1 portion)**

30 g (1 oz) de fromage allégé*

* moins de 20 % m.g.

- Préchauffer le four à 180 °C (350 °F).
- Dans une casserole, faire chauffer l'huile et y ajouter l'oignon. Cuire 2 min en brassant.
- Ajouter l'origan et les épices, et cuire 1 min.
- Ajouter le riz, puis le bouillon, les tomates en dés et leur jus et les haricots rouges.
- Porter à ébullition en brassant occasionnellement. Saler, poivrer et mettre du Tabasco au goût.
- Couvrir et cuire au four 30 min.
- Garnir de coriandre avant de servir.

PAR PORTION (incluant l'accompagnement)	377 CALORIES	47 g GLUCIDES	18 g PROTÉINES	7 g LIPIDES
		1 LÉGUME	2 FÉCULENTS	1 VIANDE ET SUBSTITUTS

Tofu à la façon Général Tao

par *Marika Beaulé,* Dt. P., nutritionniste

VÉGÉTARIEN, SANS GLUTEN
(SI UTILISATION DE SAUCE SOYA SANS GLUTEN)

PRÉPARATION : 20 MIN   CUISSON : 20 MIN   PORTIONS : 4

1 bloc (454 g ou 1 lb) de tofu extra-ferme

1 œuf, battu

30 ml (2 c. à soupe) de fécule de maïs

15 ml (1 c. à soupe) d'huile d'olive

15 ml (1 c. à soupe) d'huile de sésame grillé

3 échalotes, émincées

3 gousses d'ail, émincées

1 poivron rouge, en julienne

2 carottes, en julienne

396 ml (14 oz ou 1 boîte) d'ananas en conserve ou frais, égoutté, en petits morceaux

60 ml (¼ tasse) de gingembre frais, râpé

125 ml (½ tasse) d'eau

30 ml (2 c. à soupe) de sucre de canne

60 ml (¼ tasse) de vinaigre

45 ml (3 c. à soupe) de sauce soya à teneur réduite en sodium

30 ml (2 c. à soupe) de sauce aux huîtres

60 ml (¼ tasse) de ketchup

1 pincée de piment rouge broyé (facultatif)

Accompagnez votre tofu de (1 portion)

125 ml (½ tasse) de riz basmati, cuit

125 ml (½ tasse) de chou-fleur, en bouquets, cuit à la vapeur

- Déchirer le tofu en petits morceaux d'environ 1 cm (½ po). L'égoutter et l'assécher à l'aide de papier absorbant. Enrober le tofu d'œuf battu, puis rouler dans la fécule de maïs.

- Dans une poêle, chauffer l'huile d'olive, puis dorer les cubes de tofu. Réserver.

- Chauffer l'huile de sésame, puis faire sauter les échalotes, l'ail, le poivron, les carottes, l'ananas et le gingembre.

- Dans un petit bol, mélanger l'eau, le sucre, le vinaigre, la sauce soya, la sauce aux huîtres, le ketchup et le piment broyé. Verser dans la poêle et laisser mijoter quelques minutes jusqu'à ce que la sauce épaississe.

- Ajouter les morceaux de tofu à la sauce. Chauffer jusqu'à ce que le tofu soit chaud.

PAR PORTION (incluant l'accompagnement)	448 CALORIES	63 g GLUCIDES	23 g PROTÉINES	17 g LIPIDES
	2 LÉGUMES	½ FRUIT	1 FÉCULENT	1 VIANDE ET SUBSTITUTS	1 GRAS	1 SUCRE

Pavé de flétan en croûte de pistaches avec salsa d'ananas

par *Audrey-Anne Leduc,* Dt. P., nutritionniste

SANS GLUTEN

PRÉPARATION : 20 MIN   CUISSON : 15 MIN   PORTIONS : 6

Salsa

3 oignons verts (environ ⅔ tasse)

10 ml (2 c. à thé) d'huile d'olive

375 ml (1 ½ tasse) d'ananas frais, en dés

375 ml (1 ½ tasse) de tomates, en dés

250 ml (1 tasse) de maïs en grains congelé ou en conserve, égoutté

2,5 ml (½ c. à thé) de sauce au piment fort (facultatif)

Sel et poivre au goût

15 ml (1 c. à soupe) de jus de lime

30 ml (2 c. à soupe) de coriandre fraîche, ciselée

Poisson

375 ml (1 ½ tasse) de pistaches broyées

1 gros œuf, battu

15 ml (1 c. à soupe) de jus de lime

15 ml (1 c. à soupe) d'huile d'olive

900 g (2 lb) de flétan en 6 filets

Salade et vinaigrette miel et Dijon

30 ml (2 c. à soupe) de yogourt nature 0 %

5 ml (1 c. à thé) de vinaigre de cidre

5 ml (1 c. à thé) de moutarde de Dijon

5 ml (1 c. à thé) de miel

Sel et poivre noir, fraîchement moulu, au goût

1,5 l (6 tasses) de laitue frisée, déchiquetée

• Faire revenir l'oignon vert dans l'huile. Cuire en remuant 2 min.

• Ajouter l'ananas, les tomates, le maïs et la sauce au piment fort. Saler et poivrer. Bien mélanger. Laisser cuire environ 4 min. Incorporer le jus de lime et la coriandre. Bien mélanger. Retirer du feu et réserver la salsa.

• Dans un bol, mettre les pistaches. Saler et poivrer.

• Dans un autre bol, battre quelques secondes l'œuf et le jus de lime.

• Dans une poêle antiadhésive, faire chauffer l'huile à feu moyen. Tremper les morceaux de flétan dans l'œuf, puis dans les pistaches et déposer dans la poêle.

• Cuire le poisson des deux côtés, jusqu'à ce que la chair se détache à la fourchette, environ 8 min.

• Fouetter ensemble le yogourt, le vinaigre de cidre, la moutarde de Dijon et le miel. Saler et poivrer. Mélanger la salade et la vinaigrette.

• Au moment de servir, garnir le poisson de la salsa.

PAR PORTION	434 CALORIES	27 g GLUCIDES	39 g PROTÉINES	21 g LIPIDES
	2 LÉGUMES	½ FÉCULENT	1 ½ VIANDE ET SUBSTITUTS	1 GRAS

Teneur très élevée en sélénium et en gras mono-insaturés.

Crêpes au saumon

par *Émilie Simoneau*, Dt. P., nutritionniste

PRÉPARATION : 10 MIN   CUISSON : 25 MIN
REPOS : 30 MIN   PORTIONS : 4

Crêpes

1 œuf

125 ml (½ tasse) de farine de blé entier

80 ml (⅓ tasse) de farine tout usage

375 ml (1 ½ tasse) de lait 1 %

Sel et poivre au goût

15 ml (1 c. à soupe) d'huile d'olive

Garniture

15 ml (1 c. à soupe) de margarine
non hydrogénée

15 ml (1 c. à soupe) de farine tout usage

375 ml (1 ½ tasse) de lait 1 %

Sel et poivre au goût

240 g (9 oz) de saumon frais
(ou en conserve), en petits dés

125 ml (½ tasse) de pois verts

80 ml (⅓ tasse) de fromage cheddar
allégé*, râpé

* moins de 20 % m.g.

Accompagnez votre crêpe
de (1 portion)

125 ml (½ tasse) de brocoli, en bouquets,
cuit à la vapeur

Crêpes

- Dans un bol, fouetter tous les ingrédients du mélange
à crêpes, sauf l'huile, jusqu'à ce que la préparation soit
lisse et homogène. Laisser reposer 30 min.

- Chauffer une poêle antiadhésive et badigeonner le
fond d'huile. Verser 60 ml (¼ tasse) de la préparation et
cuire des deux côtés jusqu'à ce que la crêpe soit dorée.
Continuer avec le reste de la pâte. Réserver au chaud.

Ces crêpes peuvent être préparées à l'avance et congelées.

Garniture

- Faire fondre la margarine dans une casserole à feu
moyen-vif. Ajouter la farine et cuire 4 min à feu moyen
en remuant.

- Retirer la casserole du feu, incorporer le lait et fouetter
jusqu'à consistance lisse.

- Remettre la casserole sur le feu, saler, poivrer et cuire
jusqu'à épaississement de la sauce, sans cesser de
remuer.

- Ajouter le saumon et cuire environ 5 min.

- Incorporer les pois verts, le fromage et cuire 3 min.

- Lorsque le saumon est cuit, verser le mélange dans les
quatre crêpes et les replier.

PAR PORTION (incluant l'accompagnement)	437 CALORIES	42 g GLUCIDES	31 g PROTÉINES	17 g LIPIDES

1 LÉGUME	1 FÉCULENT	1 LAIT ET SUBSTITUTS	1 VIANDE ET SUBSTITUTS	1 GRAS

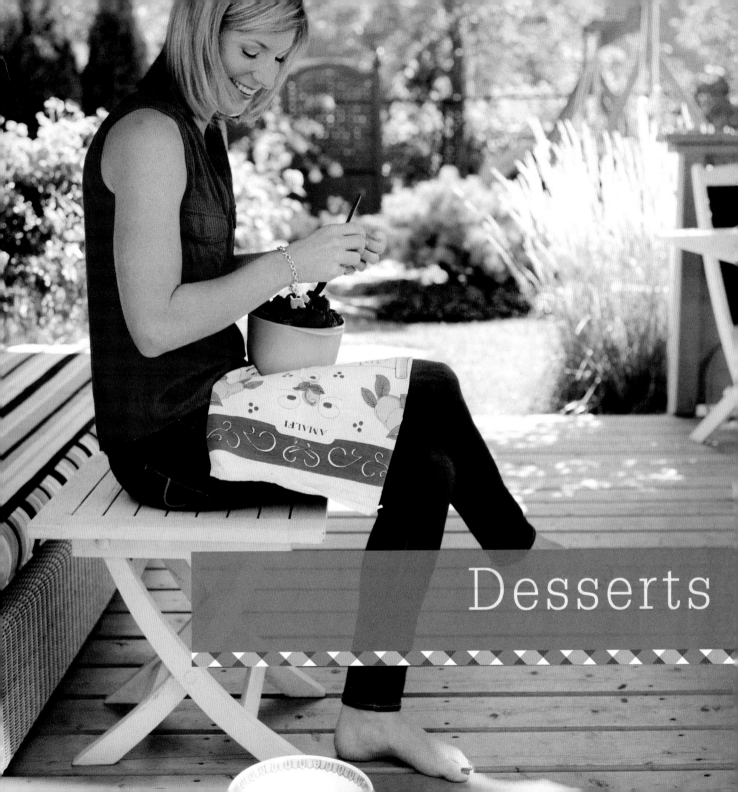

Desserts

Biscuits avoine et raisins
par *Christina Timotheatos,* Dt. P., nutritionniste

VÉGÉTARIEN   PRÉPARATION : 15 MIN   CUISSON : 10-12 MIN   PORTIONS : 15

- 500 ml (2 tasses) de flocons d'avoine
- 125 ml (½ tasse) de farine de blé entier
- 125 ml (½ tasse) de farine non blanchie
- 10 ml (2 c. à thé) de poudre à pâte
- 1 pincée de sel
- 5 ml (1 c. à thé) de cannelle
- 190 ml (¾ tasse) de sucre de canne
- 2 œufs
- 160 ml (⅔ tasse) de compote de pommes non sucrée
- 60 ml (¼ tasse) d'huile d'olive
- 5 ml (1 c. à thé) d'extrait de vanille
- 250 ml (1 tasse) de raisins secs

- Préchauffer le four à 180 °C (350 °F).

- Dans un bol, mélanger les flocons d'avoine, les farines, la poudre à pâte, le sel et la cannelle.

- Dans un autre bol, mélanger le sucre, les œufs, la compote de pommes, l'huile, la vanille et les raisins secs.

- Mélanger les ingrédients secs aux ingrédients humides.

- Sur une plaque à biscuits, déposer un papier parchemin. Faire 15 biscuits avec la préparation.

- Cuire au four environ 10 à 12 min.

PAR PORTION	195 CALORIES	33 g GLUCIDES	5 g PROTÉINES	6 g LIPIDES
			½ FRUIT	1 FÉCULENT	½ GRAS	½ SUCRE

Carrés au chocolat, dattes et noix

par *Marie-Josée Cabana*, Dt. P., nutritionniste

VÉGÉTARIEN

PRÉPARATION : 35 MIN   CUISSON : 20-25 MIN   PORTIONS : 24

- 500 g (18 oz) de dattes Medjool, dénoyautées
- 250 ml (1 tasse) de jus d'orange
- 250 ml (1 tasse) de farine de blé entier
- 375 ml (1 ½ tasse) de flocons d'avoine
- 125 ml (½ tasse) de noix de Grenoble, hachées
- 1 pincée de sel
- 10 ml (2 c. à thé) de bicarbonate de soude
- 100 g (4 oz) de chocolat noir à 70 %, haché finement
- 80 ml (⅓ tasse) d'huile d'olive

- Préchauffer le four à 180 °C (350 °F).

- Dans une casserole, faire chauffer à feu moyen les dattes et le jus, jusqu'à ébullition. Couvrir, baisser le feu et laisser mijoter de 8 à 10 min. Retirer du feu et laisser reposer 15 min.

- Dans un bol, mélanger tous les ingrédients secs, à l'exception du chocolat.

- Piler les dattes pour les réduire en purée. Ajouter le chocolat et remuer pour le faire fondre. Incorporer l'huile et remuer jusqu'à ce que le mélange devienne homogène. Ajouter les ingrédients secs et bien mélanger.

- Tapisser un moule carré de 18 cm (8 po) de papier parchemin. Déposer le mélange dans le moule en pressant bien.

- Cuire au centre du four 20 à 25 min. Laisser refroidir. Démouler et couper en morceaux.

Variantes

Remplacer une partie des dattes par d'autres fruits séchés (abricots, pruneaux, etc.) ou ajouter des morceaux d'orange confite aux ingrédients secs. La recette peut également se faire sans chocolat : le résultat ressemblera plus à un muffin.

PAR PORTION	180 CALORIES	30 g GLUCIDES	3 g PROTÉINES	7 g LIPIDES

1 FRUIT   1 FÉCULENT

Biscuits choco-beurre d'arachide
par *Marie-Josée Cabana*, Dt. P., nutritionniste

VÉGÉTARIEN, SANS GLUTEN

PRÉPARATION : 15 MIN   CUISSON : 8-10 MIN
PORTIONS : 12

1 œuf
125 ml (½ tasse) de sucre de canne
5 ml (1 c. à thé) de poudre à pâte
1 pincée de sel
2,5 ml (½ c. à thé) d'extrait de vanille
250 ml (1 tasse) de beurre d'arachide naturel croquant
50 g (2 oz) de chocolat noir à 70 %, haché finement

- Préchauffer le four à 180 °C (350 °F).
- Dans un grand bol, battre l'œuf, le sucre, la poudre à pâte, le sel et la vanille. Incorporer le beurre d'arachide. Ajouter le chocolat et bien mélanger.
- Former des boules de pâte et les déposer sur une plaque à biscuits recouverte de papier parchemin. Aplatir légèrement à l'aide d'une fourchette. Cuire 8 à 10 min.

PAR PORTION	197 CALORIES	21 g GLUCIDES	5 g PROTÉINES	11 g LIPIDES
			1 ½ GRAS	1 SUCRE

Mousse au citron
par *Christina Timotheatos*, Dt. P., nutritionniste

VÉGÉTARIEN, SANS GLUTEN

PRÉPARATION : 5 MIN   CUISSON : 5 MIN
RÉFRIGÉRATION : 3 H   PORTIONS : 10

3 œufs, battus
60 ml (¼ tasse) de sucre de canne
Jus de 2 citrons
60 ml (¼ tasse) de beurre
500 ml (2 tasses) de yogourt grec à la vanille 0 %
500 ml (2 tasses) de yogourt grec nature 0 %
Zeste d'un citron, râpé

- Dans une casserole, mélanger les œufs, le sucre, le jus de citron et le beurre. Porter à ébullition en fouettant constamment. Cuire 2 min jusqu'à ce que la crème épaississe.
- Laisser refroidir à la température ambiante. Incorporer le yogourt grec à la vanille, le yogourt grec nature et le zeste de citron. Réfrigérer 3 h avant de servir.

PAR PORTION	153 CALORIES	12 g GLUCIDES	11 g PROTÉINES	6 g LIPIDES
			1 LAIT ET SUBSTITUTS	½ GRAS

Brownies à la patate douce

par *Christina Timotheatos,* Dt. P., nutritionniste

VÉGÉTARIEN PRÉPARATION : 25 MIN   CUISSON : 20 MIN   PORTIONS : 16

1 patate douce moyenne

80 ml (⅓ tasse) d'huile d'olive

125 g (4 ½ oz) de chocolat noir à 70 %

125 ml (½ tasse) de sucre de canne

1 ml (¼ c. à thé) de poudre à pâte

2 gros œufs

10 ml (2 c. à thé) d'extrait de vanille

125 ml (½ tasse) de farine tout usage

60 ml (¼ tasse) de canneberges séchées

- Préchauffer le four à 180 °C (350 °F).

- Bien laver la patate douce et la percer à plusieurs endroits avec une fourchette. Faire cuire au four à micro-ondes environ 10 min.

- Pendant ce temps, dans une petite casserole, remuer l'huile d'olive et le chocolat à feu doux jusqu'à ce que le chocolat soit fondu. Laisser tiédir.

- Dans un bol, écraser la patate douce puis battre avec le sucre jusqu'à consistance presque lisse. Ajouter en remuant l'huile d'olive et le chocolat noir.

- Incorporer la poudre à pâte, les œufs et la vanille et battre jusqu'à consistance épaisse. Ajouter graduellement la farine en remuant. Incorporer les canneberges séchées.

- Déposer le mélange sur une plaque de cuisson antiadhésive de 20 × 20 cm (8 × 8 po) à l'aide d'une cuillère. Égaliser le dessus. Cuire environ 20 min ou jusqu'à ce qu'un cure-dent inséré dans le brownie en ressorte propre.

- Laisser refroidir complètement sur la plaque de cuisson avant de découper en portions.

PAR PORTION	147 CALORIES	15 g GLUCIDES	2 g PROTÉINES	9 g LIPIDES

1
FÉCULENT

½
GRAS

Salade de fruits exotiques

par *Marie-Josée Cabana*, Dt. P., nutritionniste

VÉGÉTARIEN, SANS GLUTEN PRÉPARATION : 20 MIN CUISSON : 5 MIN PORTIONS : 4

Sirop

1 gousse de vanille

125 ml (½ tasse) d'eau

60 ml (¼ tasse) de sucre de canne

Jus d'une orange

Salade

1 mangue, pelée, en dés

2 kiwis, pelés, en dés

2 fruits de la passion, coupés en deux et vidés de leur contenu

250 ml (1 tasse) d'ananas frais, pelé, en dés

250 ml (1 tasse) de papaye, pelée, en dés

250 ml (1 tasse) de framboises

- Fendre la gousse de vanille en deux. À l'aide de la pointe d'un couteau, mettre les graines dans une casserole, puis ajouter la gousse de vanille évidée.

- Ajouter l'eau, le sucre et porter à ébullition. Laisser mijoter à feu moyen pendant 5 min, puis verser le sirop dans un bol. Retirer la gousse de vanille. Laisser tiédir au réfrigérateur environ 15 min. Ajouter le jus d'orange et mélanger.

- Verser le sirop sur la salade de fruits, remuer légèrement et réfrigérer jusqu'au moment de servir.

PAR PORTION	180 CALORIES	45 g GLUCIDES	2 g PROTÉINES	1 g LIPIDES

2 FRUITS | 1 SUCRE

Mendiants de chocolat aux petits fruits

par *Marie-Josée Cabana,* Dt. P., nutritionniste

VÉGÉTARIEN, SANS GLUTEN   PRÉPARATION : 20 MIN   RÉFRIGÉRATION : 15 MIN   PORTIONS : 4

125 ml (½ tasse) de bleuets congelés
60 ml (¼ tasse) de framboises congelées
60 ml (¼ tasse) de canneberges séchées
125 g (4 ½ oz) de chocolat noir à 70 %

- Mélanger délicatement les bleuets, les framboises et les canneberges.

- Mettre le chocolat dans un bain-marie* et le faire fondre aux trois quarts environ. Le retirer du feu, puis brasser jusqu'à ce que le chocolat soit complètement fondu.

- Remplir une grosse cuillère du mélange de fruits et la tremper dans le chocolat. Bien enrober les fruits, puis les retirer du bol en enlevant l'excédent de chocolat. Les déposer sur une plaque recouverte de papier parchemin.

- Réfrigérer au moins 15 min avant de déguster.

* Casserole d'eau bouillante sur laquelle on dépose un bol en verre qui contient le mélange à cuire.

PAR PORTION	201 CALORIES	29 g GLUCIDES	2 g PROTÉINES	10 g LIPIDES
		½ FRUIT	1 GRAS	1 SUCRE

Trempette crémeuse à l'orange

par *Laurence Gauvin,* Dt. P., nutritionniste

VÉGÉTARIEN, SANS GLUTEN

PRÉPARATION : 10 MIN   PORTIONS : 4

Trempette

125 ml (½ tasse) de fromage ricotta
  allégé*

125 ml (½ tasse) de fromage mascarpone

45 ml (3 c. à soupe) de sirop d'érable

30 ml (2 c. à soupe) de jus d'orange
  sans pulpe

Zeste d'une demi-orange, râpé

* moins de 20 % m.g.

Fruits

8 fraises, en tranches

125 ml (½ tasse) de framboises

125 ml (½ tasse) de bleuets

1 banane, en tranches

- Mélanger la ricotta, le mascarpone, le sirop d'érable,
  le jus d'orange et le zeste.

- Réfrigérer avant de servir pour une texture plus
  consistante.

- Utiliser comme trempette pour les fruits.

PAR PORTION	197 CALORIES	21 g GLUCIDES	5 g PROTÉINES	11 g LIPIDES
			1 FRUIT	1 GRAS	½ SUCRE

Yogourt glacé arc-en-ciel

par *Jade Bégin-Desplantie,* Dt. P., nutritionniste

VÉGÉTARIEN, SANS GLUTEN

PRÉPARATION : 20 MIN   CONGÉLATION : 5 H   PORTIONS : 4

Yogourt aux bananes

90 ml (environ ⅓ tasse) de yogourt grec nature 0 %

½ banane mûre, écrasée

30 ml (2 c. à soupe) de sucre de canne

5 ml (1 c. à thé) de jus de citron

Yogourt aux framboises

160 ml (⅔ tasse) de framboises

60 ml (¼ tasse) de yogourt grec nature 0 %

30 ml (2 c. à soupe) de sucre de canne

Yogourt aux bleuets

160 ml (⅔ tasse) de bleuets

60 ml (¼ tasse) de yogourt grec nature 0 %

30 ml (2 c. à soupe) de sucre de canne

Yogourt aux bananes

- À la fourchette, réduire la banane en purée lisse. Ajouter le reste des ingrédients et mélanger. Réserver.

Yogourt aux framboises et yogourt aux bleuets

- Au mélangeur ou au pied-mélangeur, réduire séparément les ingrédients du yogourt aux framboises en purée lisse, puis ceux du yogourt aux bleuets. Passer les purées au tamis séparément.

Montage

- Verser le yogourt aux bleuets dans quatre verrines et mettre au congélateur 10 min. Ensuite, verser le yogourt aux bananes, congeler 10 min à nouveau. Puis, sur le dessus, verser le yogourt aux framboises. Congeler 5 h.

- Sortir 5 à 10 min avant de servir.

PAR PORTION	143 CALORIES	31 g GLUCIDES	6 g PROTÉINES	0 g LIPIDES
		½ FRUIT	¼ LAIT ET SUBSTITUTS	2 SUCRES

Mousse au chocolat noir

par *Marie-Ann Sallaleh,* Dt. P., nutritionniste

ZÉRO DIÈTE

VÉGÉTARIEN, SANS GLUTEN

PRÉPARATION : 20 MIN   CUISSON : 10 MIN
RÉFRIGÉRATION : 30 MIN   PORTIONS : 6

100 g (4 oz) de chocolat noir à 70 %
20 ml (4 c. à thé) de beurre non salé
125 ml (½ tasse) de crème à fouetter 35 %
45 ml (3 c. à soupe) de sucre de canne
2 blancs d'œufs
Feuilles de menthe, fraises ou framboises
(pour décorer)

- Faire fondre le chocolat au bain-marie* en brassant de temps en temps. Lorsque le chocolat est fondu, ajouter le beurre et brasser vigoureusement le mélange. Une fois que le beurre est fondu, retirer du feu.

- Laisser reposer le mélange de chocolat sur le comptoir pour qu'il refroidisse. Pendant ce temps, verser la crème dans un grand bol et y ajouter le sucre.

- À l'aide d'un batteur électrique, fouetter la crème jusqu'à ce qu'elle forme des pics.

- Incorporer le mélange de chocolat à la crème fouettée en pliant à l'aide d'une spatule, jusqu'à ce que le tout soit homogène.

- Dans un autre bol, monter les blancs d'œufs en neige**. Incorporer délicatement les blancs d'œufs dans le mélange de chocolat et de crème fouettée.

- Laisser reposer 30 min au réfrigérateur ou jusqu'au lendemain. Au moment de servir, décorer la mousse de menthe, de fraises ou de framboises. Servir dans des petits pots ou bols.

* Casserole d'eau bouillante sur laquelle on dépose un bol en verre qui contient le mélange à cuire.

** Bien nettoyer les batteurs avant de monter les œufs en neige.

PAR PORTION	221 CALORIES	16 g GLUCIDES	2 g PROTÉINES	17 g LIPIDES
			2 GRAS	1 SUCRE

Collations

Barres tendres énergétiques

par *Marie-Josée Cabana,* Dt. P., nutritionniste

VÉGÉTARIEN	PRÉPARATION : 15 MIN CUISSON : 10-15 MIN PORTIONS : 16

60 ml (¼ tasse) d'abricots séchés, en dés

60 ml (¼ tasse) de canneberges séchées

60 ml (¼ tasse) de figues séchées, en dés

60 ml (¼ tasse) de pacanes, hachées

60 ml (¼ tasse) de graines de lin moulues

60 ml (¼ tasse) de graines de citrouille

125 ml (½ tasse) de farine de blé entier

375 ml (1 ½ tasse) de flocons d'avoine

60 ml (¼ tasse) de sucre de canne

1 pincée de sel

1 œuf

125 ml (½ tasse) de margarine
non hydrogénée

60 ml (¼ tasse) de sirop d'érable

20 ml (4 c. à thé) de miel

5 ml (1 c. à thé) d'extrait de vanille

- Préchauffer le four à 190 °C (375 °F).

- Dans un grand bol, mélanger les ingrédients secs.
  Dans un autre bol, mélanger les ingrédients humides.

- Incorporer graduellement les ingrédients secs
  aux ingrédients humides, en brassant délicatement.

- Sur une plaque à biscuits recouverte d'un papier
  parchemin, étendre uniformément la préparation.

- Cuire environ 10 à 15 min, jusqu'à ce que le mélange
  soit bien cuit.

- Laisser refroidir puis tailler en 16 barres.

PAR PORTION	190 CALORIES	20 g GLUCIDES	5 g PROTÉINES	11 g LIPIDES
			½ FÉCULENT	1 GRAS	½ SUCRE

Compote de pommes et poires

par *Christina Timotheatos,* Dt. P., nutritionniste

VÉGÉTARIEN, SANS GLUTEN   PRÉPARATION : 15 MIN   CUISSON : 20 MIN   PORTIONS : 8

5 pommes McIntosh, pelées, en dés

5 poires Bartlett, pelées, en dés

125 ml (½ tasse) de sucre de canne

60 ml (¼ tasse) d'eau

1 gousse de vanille

2,5 ml (½ c. à thé) de muscade moulue

5 ml (1 c. à thé) de cannelle moulue

45 ml (3 c. à soupe) de jus de citron

125 ml (½ tasse) de pacanes, hachées

- Dans une casserole, chauffer à feu moyen les pommes, les poires, le sucre et l'eau.

- Fendre la gousse de vanille en deux sur le sens de la longueur. Avec un couteau, retirer les graines et les déposer dans la casserole avec la gousse vidée.

- Ajouter la muscade, la cannelle et le jus de citron. Porter à ébullition.

- Couvrir et laisser mijoter à feu moyen-doux environ 20 min.

- Retirer la gousse de vanille.

- À l'aide d'un mélangeur électrique, réduire la préparation en purée.

- Laisser refroidir et réfrigérer environ 30 min.

- Au moment de servir, ajouter 15 ml (1 c. à soupe) de pacanes hachées par portion.

PAR PORTION	205 CALORIES	42 g GLUCIDES	1 g PROTÉINES	6 g LIPIDES
			1 FRUIT	½ GRAS

½ SUCRE

Délice à l'érable

par *Monette Comeau*, Dt. P., nutritionniste

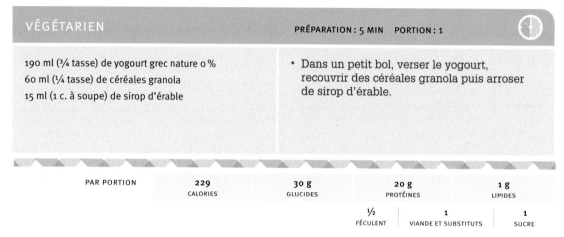

VÉGÉTARIEN	PRÉPARATION : 5 MIN PORTION : 1
190 ml (¾ tasse) de yogourt grec nature 0 % 60 ml (¼ tasse) de céréales granola 15 ml (1 c. à soupe) de sirop d'érable	• Dans un petit bol, verser le yogourt, recouvrir des céréales granola puis arroser de sirop d'érable.

PAR PORTION	229 CALORIES	30 g GLUCIDES	20 g PROTÉINES	1 g LIPIDES
			½ FÉCULENT	1 VIANDE ET SUBSTITUTS	1 SUCRE

Trempette au citron avec crudités

par *Christina Timotheatos*, Dt. P., nutritionniste

VÉGÉTARIEN, SANS GLUTEN	PRÉPARATION : 5 MIN PORTIONS : 2
100 ml (environ ⅓ tasse) de yogourt nature 0 % 25 ml (5 c. à thé) de mayonnaise allégée 10 ml (2 c. à thé) de jus de citron Zeste d'un citron, râpé 30 ml (2 c. à soupe) de ciboulette, hachée	**Accompagnez votre trempette de (1 portion)** 4 tranches de poivron rouge 4 bâtonnets de concombre 4 bâtonnets de carotte • Mélanger tous les ingrédients. • Servir frais.

PAR PORTION (incluant l'accompagnement)	211 CALORIES	40 g GLUCIDES	5 g PROTÉINES	4 g LIPIDES
			2 LÉGUMES	½ LAIT ET SUBSTITUTS	½ GRAS

Granola maison
par *Marie-Josée Cabana*, Dt. P., nutritionniste

ZÉRO DIÈTE

VÉGÉTARIEN

PRÉPARATION : 15 MIN   CUISSON : 20 MIN
PORTIONS : 30 portions de 50 ML (environ 3 c. à soupe)

500 ml (2 tasses) de flocons d'avoine

250 ml (1 tasse) de noix de coco sucrée râpée

250 ml (1 tasse) d'amandes effilées

60 ml (¼ tasse) de graines de lin moulues

80 ml (⅓ tasse) d'huile de canola

60 ml (¼ tasse) de miel

125 ml (½ tasse) d'abricots séchés, en petits dés

125 ml (½ tasse) de figues séchées, en petits dés

125 ml (½ tasse) de canneberges séchées

125 ml (½ tasse) de noix de cajou grillées non salées

Accompagnez votre portion de granola de (1 portion)

1 contenant individuel de 100 g (100 ml ou 3,5 oz) de yogourt grec à la vanille 0 %

- Préchauffer le four à 180 °C (350 °F).

- Dans un grand bol, mélanger les flocons d'avoine, la noix de coco, les amandes et les graines de lin. Dans un petit bol, fouetter l'huile et le miel et verser sur le mélange d'avoine tout en remuant.

- Verser sur une plaque à biscuits. Cuire environ 15 min, en brassant occasionnellement avec une spatule, jusqu'à ce que la préparation prenne une belle couleur dorée.

- Retirer le granola du four et laisser refroidir en remuant de temps en temps. Ajouter les abricots, les figues, les canneberges et les noix de cajou. Conserver le granola dans un contenant hermétique.

PAR PORTION (incluant l'accompagnement)	206 CALORIES	24 g GLUCIDES	12 g PROTÉINES	7 g LIPIDES
		½ FÉCULENT	1 LAIT ET SUBSTITUTS	½ GRAS

Muffins bananes et canneberges

par *Christina Timotheatos,* Dt. P., nutritionniste

VÉGÉTARIEN, SANS GLUTEN

PRÉPARATION : 10 MIN   CUISSON : 25 MIN   PORTIONS : 12

60 ml (¼ tasse) de beurre, fondu

125 ml (½ tasse) de sucre de canne

2 gros œufs

60 ml (¼ tasse) de yogourt grec nature 0 %

3 bananes mûres, pilées

440 ml (1 ¾ tasse) de farine d'avoine sans gluten*

5 ml (1 c. à thé) de gomme de xanthane**

5 ml (1 c. à thé) de bicarbonate de soude

1 pincée de sel

125 ml (½ tasse) de canneberges séchées

125 ml (½ tasse) de pacanes, hachées

- Préchauffer le four à 200 °C (400 °F).
- Battre le beurre, le sucre, les œufs, le yogourt et les bananes pilées.
- Dans un autre bol, mélanger la farine, la gomme de xanthane, le bicarbonate de soude et le sel.
- Ajouter les ingrédients secs aux ingrédients liquides et battre légèrement pour incorporer.
- Ajouter les canneberges et les pacanes, et mélanger.
- Verser le mélange dans 12 moules à muffins antiadhésifs.
- Mettre au four environ 25 min ou jusqu'à ce qu'un cure-dent inséré dans un muffin en ressorte sec.

* La compagnie Château Cream Hill fait de la farine d'avoine certifiée sans gluten et confirme la non-contamination avec d'autres grains qui s'apparentent au blé, comme l'orge, le seigle et le kamut. Attention, certaines personnes ayant la maladie cœliaque peuvent éprouver une sensibilité à la protéine contenue dans l'avoine. Pour ceux qui ne sont pas intolérants ou allergiques au gluten, vous pouvez utiliser de la farine de blé au lieu de la farine d'avoine.

** La gomme de xanthane est un agent épaississant et liant souvent utilisé dans les recettes sans gluten. Elle est disponible en épicerie.

PAR PORTION	228 CALORIES	32 g GLUCIDES	5 g PROTÉINES	10 g LIPIDES
			½ FRUIT	1 FÉCULENT	1 GRAS

Muffins carottes et courgettes

par *Jennifer Ong Tone,* Dt. P., nutritionniste

VÉGÉTARIEN	PRÉPARATION : 15 MIN CUISSON : 20 MIN PORTIONS : 10

250 ml (1 tasse) de farine de blé entier

250 ml (1 tasse) de farine tout usage

2,5 ml (½ c. à thé) de bicarbonate de soude

2,5 ml (½ c. à thé) de poudre à pâte

250 ml (1 tasse) de sucre de canne

10 ml (2 c. à thé) de cannelle moulue

1 pincée de sel

125 ml (½ tasse) de compote de pommes non sucrée

30 ml (2 c. à soupe) d'huile de canola

2 gros œufs

5 ml (1 c. à thé) d'extrait de vanille

325 ml (1 ½ tasse) de courgettes non pelées, râpées finement

125 ml (½ tasse) de carottes, râpées finement

- Préchauffer le four à 190 °C (375 °F).

- Dans un grand bol, mélanger les ingrédients secs. Dans un autre bol, mélanger les ingrédients humides (sauf les courgettes et les carottes).

- Incorporer graduellement les ingrédients secs aux ingrédients humides, en brassant délicatement.

- Ajouter les courgettes et les carottes. Mélanger.

- Répartir la pâte dans des moules à muffins antiadhésifs.

- Cuire environ 20 min.

PAR PORTION	211 CALORIES	40 g GLUCIDES	5 g PROTÉINES	4 g LIPIDES
		½ LÉGUME	1 FÉCULENT	1 SUCRE

Muffins yogourt et bleuets

par *Claudia Pitre,* Dt. P., nutritionniste

VÉGÉTARIEN	PRÉPARATION : 15 MIN	CUISSON : 18-20 MIN	PORTIONS : 12

- 250 ml (1 tasse) de flocons d'avoine
- 250 ml (1 tasse) de yogourt nature 0 %
- 80 ml (⅓ tasse) d'huile de canola
- 160 ml (⅔ tasse) de sucre de canne
- 1 œuf
- 250 ml (1 tasse) de farine de blé entier
- 1 pincée de sel
- 5 ml (1 c. à thé) de poudre à pâte
- 5 ml (1 c. à thé) de bicarbonate de soude
- 250 ml (1 tasse) de bleuets frais ou congelés

- Préchauffer le four à 200 °C (400 °F).
- Mélanger les flocons d'avoine avec le yogourt et laisser reposer 10 min.
- Ajouter l'huile, le sucre et l'œuf. Bien mélanger.
- Ajouter les ingrédients secs et les bleuets, et bien mélanger.
- Répartir la pâte dans des moules à muffins antiadhésifs.
- Mettre au four et cuire 18 à 20 min ou jusqu'à ce qu'un cure-dent inséré dans un muffin en ressorte sec.

PAR PORTION	189 CALORIES	30 g GLUCIDES	4 g PROTÉINES	7 g LIPIDES
			1 FÉCULENT	1 GRAS

Pain à l'orange et aux noix

par *Marie-Josée Cabana,* Dt. P., nutritionniste

VÉGÉTARIEN

PRÉPARATION : 10 MIN **CUISSON : 1 H** **PORTIONS : 12**

375 ml (1 ½ tasse) de farine tout usage

125 ml (½ tasse) de farine de blé entier

10 ml (2 c. à thé) de poudre à pâte

125 ml (½ tasse) de margarine non hydrogénée

125 ml (½ tasse) de sucre de canne

2 œufs

Zeste d'une orange, râpé

125 ml (½ tasse) de lait écrémé

125 ml (½ tasse) de jus d'orange

60 ml (¼ tasse) de noix de Grenoble, hachées

- Placer la grille au centre du four. Préchauffer le four à 190 °C (350 °F).

- Dans un bol, mélanger les farines et la poudre à pâte. Dans un autre bol, mélanger la margarine et le sucre au batteur électrique.

- Ajouter les œufs, le zeste et battre pendant 1 min. À basse vitesse, incorporer les ingrédients secs en alternant avec le lait et le jus d'orange.

- Dans un moule à pain antiadhésif, verser la pâte, parsemer les noix hachées sur le dessus et cuire au four environ 1 h ou jusqu'à ce qu'un cure-dent inséré au centre du pain en ressorte propre. Démouler et laisser refroidir.

PAR PORTION	211 CALORIES	25 g GLUCIDES	4 g PROTÉINES	11 g LIPIDES
			1 FÉCULENT	1 GRAS

Tortillas grillées avec trempette cajun

par *Marie-Josée Cabana,* Dt. P., nutritionniste

VÉGÉTARIEN, SANS GLUTEN
(SI UTILISATION DE TORTILLAS SANS GLUTEN)

PRÉPARATION : 5 MIN   CUISSON : 10-15 MIN   PORTIONS : 4

Tortillas au sésame

4 tortillas de blé entier de 7 po
  (ou tortillas de riz, option sans gluten)

1 blanc d'œuf, dilué dans l'eau

15 ml (1 c. à soupe) de graines de sésame

Trempette

125 ml (½ tasse) de yogourt nature 0 %

15 ml (1 c. à soupe) de pâte de tomate

5 ml (1 c. à thé) de miel

2,5 ml (½ c. à thé) de paprika

2,5 ml (½ c. à thé) d'origan séché

2,5 ml (½ c. à thé) de thym séché

1 pincée de piment chili

- Préchauffer le four à 180 °C (350 °F).

- Badigeonner chaque tortilla de blanc d'œuf et saupoudrer de graines de sésame. Couper les tortillas en huit pointes. Cuire au four 10 à 15 min en surveillant régulièrement.

- Pour la trempette, mélanger tous les ingrédients.

PAR PORTION	204 CALORIES	33 g GLUCIDES	7 g PROTÉINES	4 g LIPIDES
			1 ½ FÉCULENT	¼ LAIT ET SUBSTITUTS

Index

Index alphabétique

Index des recettes végétariennes

ZÉRO DIÈTE ◆

Index des recettes
sans gluten

Références

Alcalay, R.N., Gu, Y., Mejia-Santana, H., Cote, L., Marder, K.S., Scarmeas, N., « The Association between Mediterranean Diet Adherence and Parkinson's Disease », *Movement Disorders*, vol. 27, n° 6, mai 2012, p. 771-774.

Béliveau, R. et Gingras, D., *Les Aliments contre le cancer*, Éditions du Trécarré, Montréal, 2005.

Bowling, A.C. et Stewart, T.M.,« Current Complementary and Alternative Therapies for Multiple Sclerosis », *Current Treatment Options in Neurology*, vol. 5, n° 1, janvier 2003, p. 55-68.

Calories per Hour, « Calculating BMR and RMR », http://www.caloriesperhour.com/tutorial_BMR.php

Dictionnaire Merriam-Webster, « Food », http://www.merriam-webster.com/dictionary/food

Extenso – Le portail d'information de NUTRIUM, http://www.extenso.org

Fitzgerald, M., *Performance Nutrition For Runners*, Rodale, New York, 2006.

Fondation des maladies du cœur du Québec, http://www.fmcoeur.qc.ca

Hebert, V., Suback-Sharpe, G.J., Stopler Kasdan, T., *Total Nutrition*, St. Martin's Griffin, New York, 1995.

Nettleton J.A., Lutsey, P.L. et coll., « Diet soda intake and risk of incident metabolic syndrome and type 2 diabetes in the Multi-Ethnic Study of Atherosclerosis (MESA) », *Diabetes Care*, vol. 32, n° 4, avril 2009, p. 688-694.

Passeport santé, http://www.passeportsante.net

Perreault-Labelle, A. et Bergeron, L., « Sucre, le grand coupable ? », *Protégez-vous*, septembre 2012.

Pierrot-Deseilligny, C. et Souberbielle, J.-C., « Is Hypovitaminosis D one of the Environmental Risk Factor For Multiple Sclerosis ? », *BRAIN: A Journal of Neurology*, vol. 133, n° 7, juillet 2010, p. 1869-1888.

POS Bio-Sciences, http://www.pos.ca/

Santé Canada, « Bien manger avec le *Guide alimentaire canadien* », http://www.santecanada.gc.ca/guidealimentaire

Remerciements

Merci à Richard Blais, président de Nautilus Plus, de m'avoir confié le mandat d'écrire un troisième livre. Jamais je n'aurais cru être l'auteure de trois superbes ouvrages sur l'exercice et la saine alimentation. Merci pour tes précieux conseils.

Merci aux coordonnatrices en nutrition de Nautilus Plus. À Marie-Josée Cabana, Dt. P., et Christina Timotheatos, Dt. P., pour votre collaboration à l'analyse et l'interprétation des recettes et à la révision des textes. À Marilyne Petitclerc, Dt. P., pour ton implication particulière dans la section des collations.

Merci à mon fidèle collègue Martin Lacharité, directeur de la formation chez Nautilus Plus, pour tes conseils techniques toujours pertinents.

Merci à tous les nutritionnistes de Nautilus Plus qui ont partagé leurs recettes coups de cœur figurant dans ce livre. Grâce à votre collaboration, une variété de repas délicieux, santé et originaux sont proposés : Alexandra Dumais, Alina Petre, Anna-Maria Cataldo, Anne-Julie Girard, Anne-Marie Pelletier, Annie Blais, Ariane Lavigne, Audrey-Anne Leduc, Cécile Daleau, Christina Timotheatos, Claudia Pitre, Émilie Morin, Émilie Simoneau, Isabeau Dutil-Bruneau, Jade Bégin-Desplantie, Jennifer Ong Tone, Jessica LeBlanc-Chevarie, Jessica Marchand, Julie Taillefer, Laura Plante, Laurence Gauvin, Laurie Parent-Drolet, Maggie Vallières, Marie Rached, Marie-Ann Sallaleh, Marie-Ève Labrecque-Tremblay, Marie-Ève Morin, Marie-Josée Cabana, Marie-Noël Labbé-Blondeau, Marie-Pier Tremblay-Gaudin, Marika Beaulé, Marilyne Petitclerc, Maude Fournier, Monette Comeau, Myriam Lachance, Nancy Lee, Nasser Yassine, Prisca Barré, Sabrina D'Amore, Sarah Le, Tracy Frem et Vincent Hoa Mai.

Merci à toutes les personnes du comité de dégustation, dont la participation a permis de sélectionner les meilleures recettes : Valérie Bastien, Sophie Blais, Johanne Campeau, Sonya Canty, Jeanine Casavant, Luc Chauvin, Évelyne Côté, Marie-Josée Després, Valérie Dupras, Sylvie Gaucher, Pierre-Alexandre Hoff, Jonathan Lacroix, Audrey Laganière, Louise Larose, Martin Légaré, Mona Lelièvre, France Lebuis, Anne Martel, Pierre-Yves Ostiguy, Denise Poirier, Pamela Sauro, Julie Sirignano, Karine St-Georges et Louis Vigneault.

Merci à Sophie Blais, Pamela Sauro et Julie Sirignano pour votre collaboration et la minutie de votre travail dans l'analyse nutritionnelle des recettes. Merci à Sophie Blais pour tout le travail de standardisation des recettes, pour tes rétroactions et tes idées originales.

Merci à ma sœur, Danièle Larose, de nous avoir accueillis dans ta maison. Les photos dans ta cuisine sont magnifiques !

Merci à Richard Béliveau d'avoir encore une fois accepté de préfacer un de mes livres.

Merci à l'équipe du Groupe Librex, dont Lison Lescarbeau, Marie-Eve Gélinas, Clémence Beaudoin et Marike Paradis. Pour la troisième fois, cette équipe du tonnerre a su mettre en images mes idées et livrer un produit fini qui dépasse mes attentes. Quel plaisir de travailler ensemble !

Merci à Lindy Langhame d'avoir traduit en langue anglaise ce magnifique livre !

Journal alimentaire*

1 Dans la colonne de gauche, inscrivez sur les lignes le nombre de portions à consommer par jour selon votre profil calorique.

2 Après chaque repas, cochez la quantité de portions consommées.

CATÉGORIES	LUNDI	MARDI	MERCREDI	JEUDI	VENDREDI	SAMEDI	DIMANCHE
Féculents							
Fruits							
Légumes							
Lait et substituts							
Viande et substituts							
Gras ajoutés							
Sucres ajoutés							

* Photocopiez cette page pour remplir votre journal alimentaire chaque semaine.

Cet ouvrage a été composé en Glypha Lt Std Light 8,5/12
et achevé d'imprimer au Canada en novembre 2012
sur les presses de Solisco imprimeur.